U1070393

“茅舍槿篱溪曲”

“门外春波荡绿”

踏上回归精神故里寻古探幽的旅程，

感受乡土的温暖与润泽，

体味精神家园的馨香。

2

国家出版基金项目
NATIONAL PUBLICATION FOUNDATION

“十三五”
国家重点图书
出版规划项目

中国民间文化遗产抢救工程
THE PROJECT TO CHINESE FOLK CULTURAL HERITAGES

中国历史文化名城·名镇·名村丛书

中國歷史文化名村

河北 于家

中国民间文艺家协会 / 组织编写

总主编 / 潘鲁生　邱运华

本卷主编 / 何克宁　马　佶

知识产权出版社
全国百佳图书出版单位
—北京—

《中国历史文化名村·河北于家》

编委会

积聚海量信息 寻觅科学路径（序一）

邱运华

传统村落保护是当下中国文化遗产保护工作中最重要的社会性课题之一。对于一个具有绵延五千年不间断农业文明的民族来说，传统村落能否得到妥善保护更是一个文明能否传承的关键问题。

传统村落保护是当代社会发展的普遍问题，不独中国社会存在，西方发达国家存在，东方发达国家也存在。从世界范围看，这是一个国家从欠发达到发达、从农业社会过渡到工业社会、从以农村为主体发展到城镇化生活方式过程中普遍存在的问题。有学者把中国农村经济结构改造、社群建设、新文化建设和整体民生改善工作这一进程，追溯到20世纪50年代。但我以为，它毕竟不是我们现在所处的整体转向工业化、城市化进程中遇到的课题。中国社会同一性质的乡村保护课题，起源还是世纪之交的2003年2月18日“中国民间文化遗产抢救工程”。2012年12月12日，住房和城乡建设部、文化部、财政部联合发布《关于加强传统村落保护发展工作的指导意见》，2014年4月25日，除上述三部外又增加了国家文物局，联合发布《关于切实加强中国传统村落保护的指导意见》，两次重申传统村落保护的联合行动。冯骥才先生在2012年的一篇文章里把传统村落保护提高到文明传承的高度，我认为非常正确。中国社会各界对传统乡村保护的问题，有着非常积极的呼应。

中国是发展中国家，但是从东部、南部和东南部区域看，具有发达国家的某些特征。农村人口从西部向东部、从村落向城镇转移，是1990—2010年最重要的社会现象，这一巨大的人口变迁集中表现为城镇人口急速膨胀、传统村落急速空心化，不少历史悠久的自然村落仅仅剩下老人和儿童。因此，传统村落的保护在中国面临的问题，与发达国家相比，具有共同性。例如，从“二战”后恢复到工业化时期，德国和日本先后进行的村落更新或改造项目具有几个明显特征：一是以激发村落内部活力、发展农村经济作为前提，以改造农村基本生活设施作为基础展开；二是村落更新或再造项目以土地管理法令的再研究作为保障；三是建立了学术界论证、公布更新或再造规划、政府支持的财政额度及投入指向、个性化改造方案与村民意愿表达的有效沟通机制，有效保护村落历史文化、自然风景、公共空间与私人空间等要素。综合来看，先行的国家特别注重传统村落的“民间日常生活”保存问题。

所谓“民间日常生活”的具体含义是什么？乃指传统村落村民群体的方言、交往方式、经济生产活动、衣食住行、生老病死、教育、节日活动、传统风俗、民间信仰活动以及区域性的传统手工艺活动等，以及上述种种的精神性、思想性、文化性、艺术性和物质性表现形态。长期以来，中国传统村落之所以成为民族文化的保留者和传承平台，核心在于保存着这个民间日常生活，它的内容和方式，在民间日常生活的基础上，方可承载不同样式、层次的民族文化。

之所以在这里提出将“民间日常生活”作为传统村落的文化基础问题，乃是因为看到目前对待传统村落的两种观点具有一定的欺骗性，并不同程度地主宰和误导了传统村落的基本价值指向。一种是浪漫主义传统村落观，一种是商业主义传统村落观。浪漫主义传统村落观把传统村落理想化、浪漫化，仿佛传统村落是用来怀旧的，象征着一切美好的自然与人类的和谐，田园风光，日出而作，日落而息，男耕女织，像是《桃花源记》里的武陵源，“不知有汉，无论魏晋”。但是，这不是民间日常生活；民间日常生活还包含在落后生产力条件下的温饱之苦、辛劳之苦，是传统村落里百姓的生活常态；生产关系之阶级阶层压迫、政治强权和无权地位，以及在自然面前束手无策，在兵灾、匪患和种种欺男霸女面前的悲惨状态，甚至中华人民共和国成立以来出现过的政治压迫、思想禁锢和社会运动之灾，是乡村浪漫主义者无法想象的，而这，就是大多数传统村落的民间日常生活。文人雅士，在欣赏田园风光和依依炊烟之时，能否探入茅舍，去看看灶台、铁锅和橱柜，去看看大量农夫、农妇的身影，他们是否仍然饥饿、寒冷？或者他们的孩子是在劳作还是就学？商业主义传统村落观呢，则直接把传统村落改造成伪古典主义的模板，打造成千篇一律的青砖瓦房，虚构出一系列英雄史诗和骑士传奇，或者才子佳人和神异仙境的故事，两者相嫁接，转化为商业价值或者政绩价值，成为行政或市场兜售的噱头，这一行为成为当下传统村落“保护”的常态。这两种传统村落观，一个共同的特点是把村落与民间日常生活相割裂，抹杀了民间日常生活在传统村落里的价值基础，从而，也直接把世世代代生活于这一场景中的村民赶出村落，嫌他们碍事，妨碍了我们的浪漫主义和商业主义梦想；他们不在场，我们可以肆意妄为地文化狂欢。那些在民间日常生活中久存的精神性的、思想性的、文化性的、艺术性的符号，均不在话下。但是，假如村民不在场，社群活力不再，传统村落如何是活态的呢？西方哲学有一个时髦术语，叫作“主体缺失”，因为主体缺失，因而话语狂欢。

关注传统村落的村民，无疑是中国传统村落保护的第一要素。但恰好是人这第一要素导致了传统村落的凋敝和乡愁的产生。

1990—2010 年这二十年，一些区域传统村落里村民流动性的增强，特别是青壮年村民向东部、东南部和南部沿海地区季节性的流动，极大地影响了这些区域传统村落民间日常生活的展开，减弱了传统村落的社群活力，也相应减少了传统文化活动的开展。这样，构成传统村落民间日常生活的内容慢慢演变成淡黄色、苍白色，成为一种模糊记忆，抑或转化为一年一度的春节狂欢，最后，演变定格成为日常性质的乡愁。民间日常生活不再完整地体现在现在乡村生活之中。那个完整的民间日常生活，在我们不得不离开它的土壤之后，便蜕变为乡愁。乡愁这只蝴蝶的卵，就是民间日常生活。而伴随着乡愁这只蝴蝶而出现的，却是一个个村落日常生活不断凋敝、慢慢消失。乡愁成为我们必须抓住的蝴蝶，否则，我们的家乡便消失在块垒和空气之中，我们千百年创造的文化便无所依凭。然而，据统计，在进入 21 世纪（2000 年）时，我国自然村总数为 363 万个；到了 2010 年，仅仅过去十年，自然村总数锐减为 271 万个。十年内减少约 90 万个。若是按照这个速度发展下去，三年、五年之后，我们的传统村落便无踪无影了。也就是说，出生和成长在这些村落而现在散居在世界各地的人们，将无以寄托他们的乡愁。若是其中有的村落有几百年、上千年甚至更久远的历史呢？若是其中有的村落有着华夏一个独特姓氏、家族、信仰和其他各种人文景观等等呢？

越来越多的学者开始从事传统乡村保护的研究工作，例如《人民日报》2016年10月27日发表了《老宅、流转、新生》为题的介绍黄山市探索古民居保护新机制的文章，还配发了题为《古民居保护，避免“书生意气”》的评论；《中国文化报》2016年10月29日发表了题为《同乡村主人一起读懂文化传承》的文章，提出了“新乡村主义”的概念，在它的题目之下，包含有乡村治理、乡村重建和乡村产业化的多功能孵化等内容。为此，文章提出了“政府制定政策方向、标准化编列预算，聘请专家团队和NGO组织，进行顶层设计、人才培育、产业孵化和公共服务”四项基本措施，还配发了《莫让古民居保护负重前行》的文章。《光明日报》2016年11月15日发表了题为《福建土堡：怎样在发展中留住乡愁》的报道，记叙了专家考察朱熹故乡福建三明尤溪土堡的过程；记者报道了残存的土堡现状，记录下专家们的意见：政府与社会资本合作的“PPP模式”，面对乡村人口日趋减少的不可逆现实，应该吸引城市中的人回到乡村，将土堡打造为“民宿”，在不破坏现有形制的前提下，实现功能更新。也有专家提出，就保护而言，首先应该考虑当地人，人的利益是优先的，只有做到长期发展而不是只顾短期利益，文化遗产保护事业才能够持续发展，等等。

上述建议，已经超越了简单的乡愁情怀，而诉诸国家土地法规、资金筹措模式、专家功能实现等层次。应该说，在越来越深入研究、讨论的基础上，对传统村落保护的思路越来越宽了，为政府制定传统村落保护法提供了良好的基础。在国家立法的基础上，国家、地方政府组织专家开展普查，确认传统村落的级别，分别实施不同层次的激活、保护、开发，才有坚实的基础。

我理解，通过专家学者的普查、认定，得出的结论一定会有利于政府形成健全完备的保护方案和具体操作措施。一方面，对仍然有社群活力的乡村，实施新农村建设规划，改善其经济机制，改建生活设施，改善村民的生活条件，把工作重点聚焦到提高农业产业框架基础、为居民提供更好的生活环境、增强村庄文化意识、保存农村聚落特征上来。另一方面，为有着特殊文化传承却逐渐凋敝，甚至失去社群活力的乡村，探索一套完善保护的工作模式，形成一种工作机制，并得到国家法规政策的支持和保障，包括土地规划、投资体制、严格的环境保护，建立严格的农民参与机制等，为保留故乡记忆、记住我们的乡愁，留下一系列艺术博物馆、乡村技艺馆，产生具有独特价值的“乡愁符号”。

作为“中国民间文化遗产抢救工程”的重要项目之一，《中国历史文化名城·名镇·名村丛书》正是通过众多专家学者和民间文艺工作者辛勤的田野调查工作，在中国民协推动的“中国传统村落立档调查工程”所积聚的海量信息基础上，多学科、多视角地反映当下古城古镇和传统村落现状，发掘传统文化的独有魅力，进而为保护和传承优秀传统文化积累鲜活的素材，汇拢丰富的经验并寻觅科学的路径。相信这套丛书的出版将对古城古镇和传统村落的保护发挥积极作用。

2017 年 3 月

（作者系中国民间文艺家协会分党组书记、驻会副主席）

芬芳“乡愁”彰中华（序二）

郑一民

站在21世纪桥头，审视中华五千年文明，由历代劳动人民创造并守护的数以万计的历史文化名村、名镇、名城，堪称中华民族可以在世界上引以为豪的珍贵国家财富。在经济全球化、现代化高速发展，城市化进程汹涌而来的今天，保护历史文化名村、名镇、名城，不仅是时代赋予当代国人的神圣历史使命与责任，也是中华民族屹立于世界之林、实现伟大复兴的必然选择。

一个古老的村镇或城市，犹如一位饱经沧桑、阅世甚深的老人，既有深厚的文化积淀，又承载着世代子孙魂牵梦萦的“乡愁”。在古村、古镇、古城之前冠以“名”字，其历史文化价值更是非同凡响。她们所承载的物质与非物质文化遗产，既是传递民族血脉和熏陶锤炼民族美德、优秀品格的重要精神食粮，也是构建社会主义核心价值观和具有中国特色美好家园的重要基石。在我国现代化建设快速发展中，科学记录和保护历史文化名村、名镇、名城的人文历史、自然风貌和各种原生态信息，是一件功在当代、利在千秋的伟大事业，对研究、传承、弘扬、创新中国传统文化和实现中华民族伟大复兴，具有深远的历史意义和重要的现实意义。

探究中华文明之河，始于涓涓，终于浩浩。历史文化名村、名镇、名城就是其中的“涓涓”，数以万计的“涓涓”才汇就中华文明的浩浩大河。作为“涓涓”，每一个名村、名镇、名城虽有体量大小之别，但都是一个自然的社会单元。她们是历代先人适应自然、利用自然、实现“天人合一”的见证，也是创造文明、积淀文明、传承文明的家园。其保存的年轮印痕、光阴故事、人生观、审美观、习俗信仰和生产、生活、居住方式等，犹如一部部五彩缤纷的百科全书，承载着民族的历史记忆和文化基因，闪烁着民族的智慧与品格，慰藉着我们的心田与灵魂，涵养着泱泱中华。从这个意义上讲，历史文化名村、名镇、名城是中华民族物质与非物质文化最大、最重要的载体，保护名村、名镇、名城就是保护中华优秀传统文化。

著名文化学者罗杨在论述古村镇保护时说：“人类文明的进化不能没有积累和继承，历史的车轮可以碾过如梭的岁月，但不应拆毁我们心灵回归故里之路。”遗憾的是，在经济社会快速发展中，对古村镇和古城的保护还没有引起世人的应有关注和重视，致使不少古村镇和城市古街区在既无完整文字记载又缺乏图片记录的情况下，

中国民间文化遗产抢救工程
THE PROJECT TO CHINESE FOLK CULTURAL HERITAGES

便在时代洪流中消失了。针对这种现状，中国文联、中国民协在全国实施了“中国传统村落立档调查工程”。在此基础上，我们在中国民协和河北省委宣传部的大力支持下，于2016年10月在全国率先启动了《中国历史文化名城·名镇·名村丛书》河北卷的编纂出版工作。

《中国历史文化名城·名镇·名村丛书》是由中国民协承担并在全国组织实施的中国民间文化遗产抢救工程重点项目之一，也是继中国民间文学三套集成之后在全国开展的又一项具有重要影响的浩大基础文化建设项目。河北列入这项文化工程的历史文化名村有 190 个、名镇 18 个、名城 12 个。根据编纂方案要求，我们将对每个历史文化名村、名镇、名城单独立卷，力求以质朴、简明的文字，图文并茂的形式，从历史学、社会学、民俗学、建筑学、文化学等视角，客观、准确、简洁、鲜活地记述名村、名镇、名城的历史与现状，阐释每个名村、名镇、名城独有的文化内涵与价值，彰显河北历史文化名村、名镇、名城特有的魅力与精彩，惠及当代，传之后世。为了使读者检索、查阅、研究方便，本套丛书在编纂过程中将以“中国历史文化名村河北卷”“中国历史文化名镇河北卷”“中国历史文化名城河北卷”三个系列问世。

家园需要呵护，硕果需要众人浇筑。完成这

项浩大的文化工程，需要数以百计的作者和知识产权出版社编辑们几年的奋斗，无论是田野调查拍摄还是梳理编撰，皆充满艰辛与探索。但耕耘者向来是不怕困难的，硕果会因此更香甜，社会发展会因这些成果更精彩，共和国文化建设会因大家的奉献更加炫目！

俗话讲，金无足赤。由于编者知识水平有限，又无前人研究成果可借鉴，书中谬误之处难免，敬请各位方家和读者批评指正。

2016年10月30日

（作者系河北省民间文艺家协会主席）

中国历史文化
名城·名镇·名村丛书

中国历史文化名村

河北于家 | 目录

第三章 人间自有佳境在

第四章 逐梦凌云清凉阁

第五章
于家精神代代传

第六章
精美石头会唱歌

Famous Villages, Famous Towns, Famous Cities
of Chinese Historical and Cultural Series

The Chinese Famous Historical and Cultural Village

Yujia Hebei | Contents

Chapter 3

There Is a Wonderful Scene in the World

Chapter 4

Tall and Dreamy Qingliang Pavilion

Chapter 5

Family Spirit of Yujia Handed Down from Generation to Generation

Chapter 6

Stone Culture in Ancient Village

引言

于家村地处河北省井陉县中西部山区，井陉县城所在地微水镇西南约15公里处。相传于家村建于明朝成化年间，距今已有五百多年的历史，是明代著名政治家于谦后裔的繁衍盛地。据2022年7月统计，于家村在籍户数为512户，共1405口人，总面积10.034平方公里，其中林地面积占70%以上。于家村四面环山，北高南低，环境优雅，向阳背风，村落处于盆地中，俨然一座天然城池，道路又都在山脚下，有“不到村口不见村”之说。这里幽静安谧，民风质朴，是一个农居福地，犹如世外桃源。这里山清水秀，古意盎然，是一处旅游胜地。

于家古村落四周环山：东面青石山，西面白庙山，南面红叶山，北面寨垴山。于家村的东面有两个阁：清凉阁和东门无头阁，两阁相距10米。清凉阁是东大门，在无头阁的东面。村南有两个阁：观音阁和南门无头阁，两阁相距约60米。观音阁为于家村的

南大门。村西有一个阁：券门阁，也叫西门无头阁。村北有两个阁：龙天阁和礤石街上的无头阁。龙天阁是于家村的北大门，紧邻井陉太行天路。

于家村有于、康两大姓氏家族，其中于氏家族占95%。虽然于氏家族有这么多人，但是说到辈分从来不乱，谁是于谦第几世孙，谁是于有道（于谦之长孙）第几世孙，都一清二楚。尽管有的人说不清世系，可是谁叫谁什么，彼此怎么称呼，绝对不会错。由于年代久远，人的辈分差距拉大，有的人虽已八九十岁，却仍是晚辈，而有的孩子刚出生即是长辈：男的当叔叔、爷爷甚至老爷爷，女的当姑姑、老姑甚至老老姑。年轻人长到十八九岁，人们都要按辈分称呼，很是自然，谁也不觉得别扭。康家是于家的干兄弟，数百年来，于、康两家携手共进，代代开山凿石，辈辈垒房盖屋，建设美丽家园，形成如今这独特别致、粗犷豪放、名副其实的石头村。每年春节，于、康两家各自祠堂的拜祭事宜办完以后，即组织队伍，带上香烛、鞭炮、笛子、喇叭，敲锣打鼓，到对方祠堂拜谒，

↓ 于家古村落

东阁夕照

从北山俯瞰古村落

于家村东口牌坊

于家村东大门之清凉阁

老街老屋

不仅向谱案上香叩拜，而且在场的两家人也要抱拳对拜，气氛甚是融洽。

于家古村落山峦环抱，绿树掩映，较为完整地保留了明清时期的石街石巷、石楼石阁、石房石院、石桌石凳、石碾石磨、石桥石栏、石碑石碣、石井石窑、石缸石砚、石槽石臼、石洞石龛，以及许多的奇石怪石、景石雅石，营造了一个罕见的石头王国，整个村落完整地保留了明清时期的建筑风格。

2016年6月6日，由中国民间文艺家协会命名的首个“中国传统村落保护区”在于家村颁牌。深厚的民俗文化底蕴使于家村获得了“于家石头民俗村”“石家庄市十大知名村镇”“河北省重点文物保护单位”“中国民俗文化村”“国际亚细亚民俗学会考

↓ 中国传统村落保护区颁牌仪式

察基地”“石家庄市首批生态文明村”“不得不访的河北十大美丽乡村”等称号。

↑ 中国传统村落保护区牌匾

于家村还博得了影视界的青睐。这里拍摄过央视纪录片《太行古村》、《记住乡愁》第一季第27集《于家村——守礼德自高》、《太行古陉》第1集《古道沧桑》，河北新闻联播《大美河北古村行 于家石头村》（上、下），以及《太行深处石头村》《走进于家石头村》《石头村发财记》等影视作品约30部。

↓ 清凉阁下蜀葵开

从一个不毛的荒凉之地变成一个风景优美的石头村落，从十几口人繁衍到人口以千计的村落，其间的艰辛与挑战、困难与奋斗，自不必言。一个小小的于家村演变史无疑也是一部人类社会不断进步、不断向前的发展史。

↓ 村外梯田环绕

第一章
追根溯源话于家

建村立业于有道

于家古村的始祖是明代政治家于谦之长孙于有道。相传于谦遇难后，他的儿子隐居到井陉县南峪村，生有三子，分别为于有道、于东道、于南道。明成化年间，因生活所迫，于有道和妻子及三弟于南道从南峪村迁移到井陉白庙山下，开荒种地。村子最初因当地有一白庙而称为白庙村，后因于氏家族繁衍兴旺，更名为于家村。

于氏宗祠民国十年（1921）根深叶茂碑记载："相传始祖有道公，旧居南峪村，家赤贫，难于存活，谋他徙今日之于家村，实当日居人鲜到之深山也。吾始祖于前明嘉靖（疑有误，按时间推算应为成化）年偕眷胥宇于此，无立锥地，乃决意开辟斯土，日夜与木石居，与鹿豕游，殆所谓筚路蓝缕，以启山林者乎。厥后生子五人，协力者众，乃将左右之岗陵树木，或则修之平之，以作耕种之土；或则攘之剔之，以培建筑之材；而又树桃果于山隈，掘坎井于沟畊，经数十年之经营，而土地遂连阡累陌，屋宇亦鸟革飞。使我辈得以有今日者，皆始祖创造力也。"

↓ 远眺白庙山

正是于有道“与木石居，与鹿豕游”，脚踏荒野背朝天，披星戴月，不辞劳苦，年复一年，开荒种地，为于家村的发展壮大奠定了坚实的基础。

↑ 于家村清凉阁

于有道生有五子：昌、盛、渊、惠、厚。五个儿子各立门户，后来就自然而然地分成了五股。其中三子于渊迁往山西，村里这兄弟四人，老大在官坊街，老二在大西街，老四在高头凹街，老五在小西街。

数百年风雨沧桑，于氏子孙已将祖辈为国为民的宏大志向、为人处世的淳朴真诚，传承为一种忠厚善良、大公无私、勤劳勇敢、顽强自立、开拓进取的于家精神。靠着这种精神，这种传承，五百多年来，于家人用双手在土少石头多的深山中开辟了安身立命的家园，用铁锤钢钎在坚硬的石灰岩上打凿出一个灿烂辉煌的石头民俗文化村。

于家人造就了石头村，于家人使这个村庄闻名四方。

↑ 礤石阁

靠山吃山，于家人就地取材，凭自己的勤劳巧智，创造了独具特色的石头文化。石祠、石庙、石戏台、石路、石井、石院落……进入于家村，就如同进了石头世界。世世代代，村中男性村民差不多都会石匠手艺。村中各种石头建筑都是历代本村村民的作品。仔细观察每一座石头建筑或设施，都会发现石头村人为之付出的艰苦劳动和巧妙匠心。这种富有开拓性的精神气质从第一代来这里住山洞、搭草棚、开荒山、建坝田的于有道就确立起来，又经过于家人世世代代的传承，将之发扬光大，使一个深居山中的小村庄，不仅犹如世外桃源一般美好，还成为远近闻名的“美丽石头村”景点。

↓ 老村春雪

僾见忾闻家谱堂

于氏宗祠，当地人习惯称“家谱堂”，碑文中称“家庙”。这是于氏家族供奉始祖于有道及其后裔逝者的祠堂。这个大院，虽然大门匾额上写的是“于氏宗祠”，但在以前是“一院两用”。过年的时候是“祠堂”，开学的时候是“学堂”。这是山区农村解决人稠地窄问题的好方法。

↑ 于氏宗祠大门匾额

庭院

于氏宗祠是座石头四合院，于民国十年（1921）建成，占地300平方米，建房15间。从建筑的总体设计、做工和用料上可以看出，除了台基用的石头外，其他地方都是砖木结构，这种建筑风格与明清时代截然不同。

站在院内，环顾四周，都是传统的普通瓦房，但这普通之中却有着不普通的特点。第一，房院宽阔。于氏宗祠是当时全村房子最大、院子最大

↑ 春节期间的于氏宗祠

↑ 于氏宗祠内正殿布置

的公共四合院。第二，用料讲究。院内的墙壁、前沿、台阶等用的都是规整的“料石”或青砖，这在当时是很讲究的建筑材料。第三，做工细致。无论是石料加工，还是墙壁垒砌、门窗装饰都做得认真细致，严丝合缝。第四，外观排场。正殿长14米、宽8米，建在5级石头台阶之上，大门设在中间，装有四扇花棂门扇，两边三尺短墙之上分别装有两组花棂窗户。这样，室内宽敞明亮，室外朴素大方。东西厢房和南房也都安排得大小合

↓ 于氏宗祠正殿

适、高低得当。宗祠大门门楼是五脊六兽式门楼，高大而壮观。在当时，这是很时兴的建筑。正因如此，于氏宗祠才一度成为远近闻名的排场大院。

于氏宗祠的正殿，要在平原算不上什么大殿，然而，在这山区，却是远近闻名的“大殿”。这座正殿原先没有这么宽，岁月如流，谱案阔展，这房间就显得窄浅了，因而就把后墙打开，续建了将近一米的宽度。这样一来，这座正殿就更是名副其实的大殿了。

庭院中靠东墙竖立的高大石碑，是建祠碑。因碑首刊刻“根深叶茂”四个叠篆，所以又称为根深叶茂碑，表明了于氏家族历经沧桑，经过艰苦奋斗，如今已根深叶茂，人财两旺。这通石碑，实际上是于家村的第二通村史碑，翔实地记载了修建这座家庙以及于谦子孙的来龙去脉。首通村史碑是真武庙碑。准确地讲，这两通碑是于家石头村诸多碑碣之中的于氏家族的“家史”碑。

↑ 于氏宗祠中古柏和正殿

门额

正殿门首匾上雕刻的“僾见忾闻”四个大字是从右向左念的。“僾”，含义是“仿佛”；“见”，

↑ 于氏宗祠内悬挂的于氏谱案

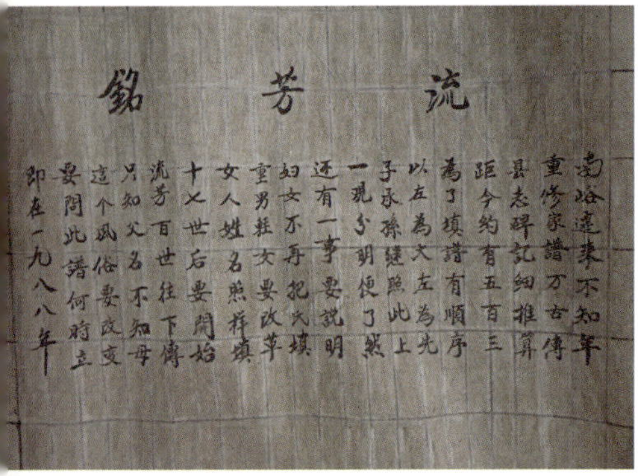

↑ 于氏家谱的底款

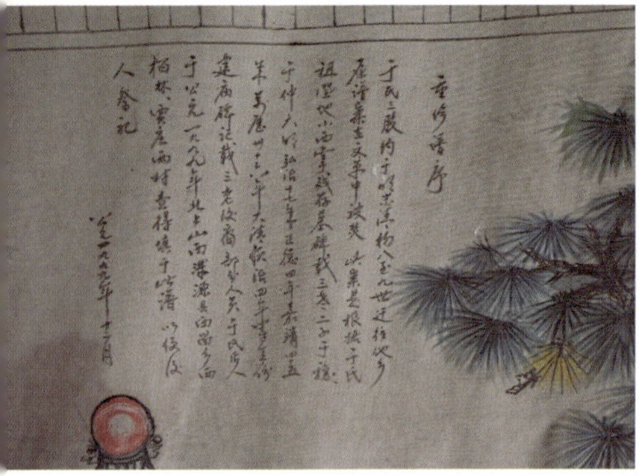

↑ 于氏三股的修谱序

含义是“浮现”；“忾”，含义是“叹息”；“闻”，含义是“听见”。“僾见忾闻”意思就是：走进祠堂，仿佛看到身影，听到叹息，形容对去世亲人的思念。

正殿门口上方悬挂的布制横幅是民国年间于氏四股捐赠的。上面绣的四个大字“泽沛人寰”的含义是先人恩泽沛然在世，也就是说，先人的大恩大德留给了后人。无论是匾额还是横幅，都表达了后人对先人的怀念和崇敬之心。

谱案

正殿内布置得不同寻常，既不华丽也不粗俗：神龛纱帐位居正中，五挂谱案分列左右；谱案绘制认真、书写规整、悬挂有序；暗红地毯、石面供桌、香鼎蜡台，各就其位。整个正殿布置得井井有条，放眼看去，一派庄严肃穆景象，不禁令人肃然起敬。这充分体现了于谦后人、有道子孙对先人的崇敬之心。

正殿正中神龛内供奉的是本村于氏家族的先人于有道夫妇的牌位，上面刻写“始祖于府君讳有道配贾氏神主”，表明于有道是于谦之长孙，是于家村建村立业的创始人。

正殿左右两边悬挂的谱案，是于有道五个儿子的五股家谱，上面分别写有五个儿子（昌、盛、渊、惠、厚）及其以下所有逝者的姓名，是井陉县保存最完整的宗族家谱。

过去谁家生了孩子，在大年初一前一天，都要到家谱堂报喜，男孩送炮，女孩送油，并且男孩还要登记在簿子和谱书上，女孩则只上簿不上谱。现在已经实行男孩、女孩都上簿和谱，实现男女平等了。

于氏各股原来有各自的祠堂，在过年的时候，各股互相拜祭，跑遍全村。这种情况一直延续到民国十年（1921），于氏宗祠建成后才集中祭祀，各股轮流值守，不再分散。

每年大年初一，人们不约而同地向家谱堂走来。步入正殿后，首先向始祖于有道神龛上香，叩头拜祭，接着向左右五股的家谱上香，叩头拜祭。

之后，还要择日组织队伍“回乡

↑ 于氏宗祠内建村始祖于有道的灵龛牌位

↑ 于氏宗祠内于氏五股祖谱

↑ 于氏宗祠内添丁进口名单

祭祖”，即到南峪村为于谦举行墓祭。墓祭活动年年如此，日渐隆重。在清代，曾有12名秀才顶戴花翎，锣鼓喧天，回乡祭祖。可惜的是1956年修建石阳铁路复线，于谦墓地被征用，从此墓祭就中断了。2009年于家村建成于谦纪念馆，祭祖问题因之得解。

↑ 于谦纪念馆

神奇古柏

于氏宗祠院内有棵奇特的柏树，这是一棵上百岁的宝树。这棵柏树有三个名字，还有三“奇”。三个名字是旋柏、龙柏、茶柏，

↓ 从院外看祠堂柏树

三“奇”是树奇、枝奇、叶奇。其实，这三个名字都是来自这三“奇”。

一是树奇。这树的树身长得“奇特”，从下到上旋转着生长，好像一根拧紧的麻绳，象征于家人拧成一股绳团结向上。因这树身旋转向上生长，故名“旋柏”。

↑ 于氏宗祠院内的神奇古柏

二是枝奇。由于这树自然生成五枝，象征于氏的五股：最粗的一枝为大股，稍细一点的为二股……它们各自所在的方向，正好与五股的居住方位“奇妙”吻合。这第三个树枝最有代表性，它向外探长，直指北方，正是三股的人早已迁往北面山西大同的寓意。这些现象确实令人生趣。传说这树有“灵”，是“龙”的化身，是“龙的传人”，故名“龙柏”。

三是叶奇。普通柏树的叶子苦涩不能入口，而这树的叶子泡出来的水却清香可口，并且还能祛病入药。因这树叶泡水能当茶喝，故名“茶柏”。

这棵树虽有三个名字，但其实还有第四个名字——侧柏，这才是这种柏树的学名。

根深叶茂于家村

于氏宗祠的建祠碑碑首镌有“根深叶茂”四个叠篆，这是于氏家族人丁兴旺之颂词。于谦遗留于太行深处的子孙幼苗，历经五百年沧桑岁月，现在已成长为一棵根深叶茂的大树。

↑ 根深叶茂碑

相传明成化年间，于谦长孙于有道与妻子及三弟于南道迁来（今于家村）时，这里还是一片深山旷野，他们脚踏大地，背负青天，开辟荒野，修建梯田，积年累月，慢慢建成了四间石头窑洞。后来，于南道迁往河南浚县，于有道父子就地生根，在这里繁衍生息。

明嘉靖末年，于有道子孙已繁衍至第七代，人口发展到400人，房屋近800间。随着生活的改善，人们开始集资兴建真武庙。明隆庆元年（1567）真武庙竣工，这是村内第一座庙宇。

明万历年间，于家村人口约800人，房屋近千间。这时，先人对建村规划、街巷布局已有明确规范，这是第二次建房高峰。万历九年（1581），于有道五世孙于喜春开始修建清凉阁。此时是于家村的人口、经济、建筑同时增长时期。

明末清初至乾隆年间是于家村的鼎盛时期，人口增至1300人左右，房屋剧增达到2000间，院落300多座，其中二层阁楼已有20多座。同时大王庙、观音阁和另外三座歌楼（戏楼）相继出现，这是第三次建房高峰。

民国十年（1921）建成了占地300平方米的于氏宗祠（兼作学堂），碑载在于家村的人口已有2000余人，外迁人口也达到1000余人，此后又一次掀起建房高潮。

清代、民国时期，由于缺水少地、避乱难躲灾荒，于家人出现了几次大的垦荒迁徙。20世纪80年代以来，随着经济社会的发展，出现人口流动性较大的特点，于家村外迁打工的人增多。

↓ 村落中古瓦房鳞次栉比

放学啦

老皂角树

老院老村

老树和小猫

百年老梨树

古树枝叶茂

↑ 于家最早的私塾——真武庙

↑ 全神庙——曾经的学堂

诗书礼仪传家久

木有本，本固枝荣；水有源，源远流长。学校为兴贤育才之地，要办好教育，就必须尊师、重校。于家村虽地处深山，但由于受先祖于谦的影响，人们都懂得上述道理，知道学习文化的重要性，于家村人自古以来就重视家庭教育。

于家村早在建村初期就有了识字家规，家长们必须教自己的孩子学习常用字。起初只学些零散农家用字，随着时间的推移、人口的增长，到明嘉靖年间有了手抄识字本和木刻版书本，几户合起来在村里请一名“文化人”当先生，边种地边抽时间串户教书。到万历年间，村里就办起了私塾，地址在真武庙，学生有二三十人，学习内容是《百家姓》《三字经》和四书五经。这一时期村里有二十多人考中秀才。清顺治十三年（1656）村里建起了一座全神庙，房间较大，于是私塾就搬到这里，成为于家村第一所兼用“学堂”。到光绪年间，学堂教育进一步加强，学习内容除正规书本外，有时还加有自编教材。《七言杂志》和《四言杂志》就是本村于大荣和于素修编写的，如“天地生人历古今，不谋饮食饥可承”“茄子黄瓜是阴物，发眼之时不可用”等，让人们既学了字，又学了理。清康熙至乾隆年间，于家村教育大发展，学堂的学生增至四五十人，村里又增加了二十多名秀才。

光绪三十一年（1905），井陉县教谕署改为劝学所，统领全县教育，对私塾先生要求很严，必须具有廪膳生以上资格方可任教。按碑、谱记载，当时全村已有文武秀才以上者76人，还有五品、九品及从九品官职者数人。

民国初期，在辛亥革命思潮影响下，废除了封建私塾和故旧读物，使用新教材，如《国语》《算术》《自然》《修身》等，于家村学生人数在50人左右。1919年五四运动以后，学堂逐步实行公助或公办，村里出面请教师，学堂改为“国民小学”。按县教育局的统一规定使用新课本，即《国语》《算术》《常识》《公民》等，学生人数增至60人以上，一室之内分为1—4年级四个班，实行多级复式教学。到1936年，学生人数达到七八十人，课程中加进了“白话文”。七七事变以前，于家村的教育质量一直稳步上升，为县内榜上有名的文化村。日寇侵华期间，于家村的教育一度走入低谷，不过学生人数已增至100人以上。

中华人民共和国成立后，学校名称统一叫“小学校”，进而由于教育大普及，小学、高小、民校齐头并进，借用民房教学多达十几处。1964年，群众集资在村西建成（具有四十余间房屋的）第一座四合院小学（但仍兼作戏场）。随着形势的发展，该校于1960年增设农中班，1969年增设高中班。由于学生日益增多，不到30个年

↑ 1964年建校碑记

↑ 篆刻：于家

头校舍已非常吃紧，因此，上下筹资46万元于1997年在该校北侧新建了一座二层教学楼，使用面积达一千多平方米。这是于家村有史以来最为宽敞、舒适的专用小学教学楼。

于家人在清朝出过70多名文武秀才，其中有一家七辈人共出了26名秀才，曾轰动一时。现在于氏家族已培养出大学以上学历者近百人。于氏家族的文化人才在逐年递增。

于家人的文化教育史也同开荒创业史一样艰苦而辉煌，历经五百多年的努力，“本固枝荣，源远流长”，于家村的文化教育事业蒸蒸日上。

↓ 建校表彰碑，刻于1964年，现保存在石头村博物馆内

淳厚民风继世长

于家村在清同治三年（1864）立的整敕村规碑，是为了保持淳厚民风，清除不良习气。碑中关于赌博写道："从来里中之害，莫有甚于赌博者。或类聚明赌，或勾引良民窝留暗赌。耗资荡产，种种匪事皆为之。败风坏俗，莫此为甚。于是集合村人商量禁之……有开设赌场群聚玩钱者，一经查出，罚每人写戏一台，歌舞三日。捉获脱逃，罪坐本族，无近枝近叶，罚坐邻右。外来赌匪，罪坐容留……"村中赌博者一经发现就要予以严厉的惩罚，如赌博者逃脱，则"罪坐本族"。碑文还说，如不认罚，则"送官按地亩粮银出钱费用……"于家人对做人做事从不含糊，比如，以前有一个人有小偷小摸的毛病，便被赶出村去，一辈子不准进村。

↑ 整敕村规碑

俗话说："平山不平，井陉没井。"其实井陉县井很多，只是旱井多，泉井少，因而才有其说。于家村便是印证：全村遍布井、窖、池，然而泉井却只有一眼，在村东南山脚下，是20世纪60年代在当地政府帮助下才打出来的。地下水井共有5眼，分别位于王

↑ 柳池禁约碑拓

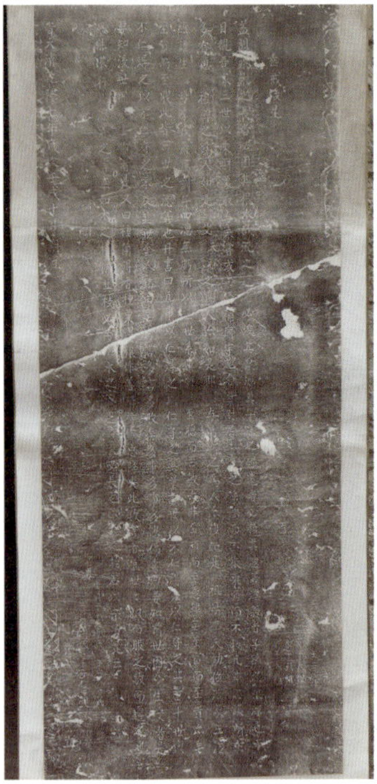

↑ 垂戒后昆碑拓

大沟自然庄、轿沟口、西岭（大舞台后面，供樊家用）、村西口石清（坑）及村东南井坪。由于这里地下水过深（在300米以下），人工打井望尘莫及。为了解决吃水问题，于家村在建村之初，人们就对蓄水、用水非常重视。起初全村只有一个饮水池，滴水如油，十分珍贵，村人奉祖遗约于清乾隆三十九年（1774），镌刻柳池禁约碑一块，对水池管理和池水分配都作了明确规定，除鳏寡孤独、老弱病残者外，每户每日只许取水一瓮、取冰两担，违者即罚。

天长日久，人口渐增，一池之水已难应付现实需求，于是按于有道的五个儿子分为五股，分头打池，在南山脚下挖了五个水池，取名“正月池”“二月池”……“五月池”；康家在东山脚下也挖了一个水池，取名“康家池”。这样一来，饮水问题一度得到缓解。然而，日月如梭，人口倍增，各户便开始自找地方打井、修窖。场边、院内、河沟、路旁、山上、山下、田间、地头，到处都有井窖池，好像棋圣布阵，亦如朗夜星空，形成一个罕见的井窖池布局。底大口小是水井；敞口水坑叫水池；水池封顶留一小口便是水窖。这些蓄水设施全用石块砌成，坚固耐用。据说太行山这一带属于奥陶纪灰岩层，石块中含有丰富的有益矿物质，井窖池内存入饮水，几个月后即可矿化，不是矿泉胜似矿泉，名曰“无根水”。此水饮用有益健康，此水浇地禾苗茁壮。如今各户院内都建有新式水窖，喝水问题已得到了解决。

于家村世世代代传承的法治意识有碑为证，如整敕村规碑、宗祠碑、柳池禁约碑、护林碑、垂戒后昆碑、施买树碑等，其以法治村、以法管家的良好村风民德流传至今。

这些宝贵的村规民约资料，体现了自古以来中国人对和谐敦厚社会的追求，体现了“国有国法，村有村规”的理念，给于家村人留下了遵纪守法的传统美德，留下了良好村风，留下了于谦的人文精神。

↓ 施买树碑

石头的天地，石头的世界，石头的王国。走进于家村，仿佛穿过时光的隧道来到一个神奇的石头建筑博物馆，在这里，动人的石头会唱歌，会起舞，会讲故事，会感动每一颗善良的心，净化每一个浮躁的灵魂。

↓ 于家村全景

第二章
石头天地石头城

石头大院博物馆

这是全村最大的一个石头四合院，坐北朝南，古式门楼，南北瓦房，东西窑洞，共有50多间房屋，占地1500多平方米，有数个展室和一个大院，共展出500多件展品。这里向世人所展示的不仅仅是一些古董、遗迹，而且展示了于家人的辛苦、于家人的智慧、于家人的历史足迹，展示的是于家人数百年的创业史。

这里的展品大都是古石器。这些石器，用途不一，品种繁多，造型丰富多样，令人目不暇接。就其造型而言，石槽可说是变化最多的：有的长方形，有的正方形，有的椭圆形，有的正圆形，有的半圆形，有的三角形；有的两米多长，有的一尺见方。石槽，称得上是石器家族中的造型之冠。至于其他石器的造型，同样各有千秋，韵味无穷。

这些巧夺天工的石头艺术品不是购买的，也不是聘请哪位名家高手雕琢的，而是本村的老百姓凭着自己的双手凿制而成的。馆内还展有许多从山上采集来的奇石、怪石、雅石、锦石和许多古瓷器、古农具、古用具、古服饰等，不一而足。

博物馆的收藏为世人提供了一份别具一格的石雕艺术研究素材，如天然形成的奇石、怪石，千姿百态：有的像走兽，有的赛飞禽，有的如人物，有的似仙景，有的形同山水，有的状若高峰，有的层层叠叠，有的斑斑驳驳，有的繁花似锦，有的斑点如星……都能启发人们的想象。

石刻，包括石碑、石碣、石经、石幢、岩画和石雕等，它们的大小形制，纷繁多姿；所载文字、图画，体现着历史、民俗、宗教、地方特点，给人以丰富的知识，被誉为“石头天书”。

↑ 石头大院的奇石

博物馆收藏的石头器物有石臼、石杵、石锤、石板、石桌、石凳、石笔、石砚、石缸、石罐、石夯、石锁、石鼎、石案、石槽、石磨、石碾，以及上马石、柱顶石、过门石、练功石等近百件。这些石器都是本村百姓自己动手凿制而成的，古朴中不失雅致，别有韵味。其中小磨、红晶石碌碡、石桌等都是于氏先祖的遗物。

馆内还收藏了瓷器、陶器，多为明清时代青花古瓷，如盘、碗、碟、盏、壶、盅、鼎、罐等。有当地粗瓷，也有景德高岭土瓷，造型优美，大小不等，古香古色。生产用具有犁镂耙盖、鞭鞍绳套、锤钳錾楔、镐锹锄镰、铸斧凿钻，以及扇车、刮板、滚盖、木杈等，不一而足。其中全木质耕犁尤为贵重，距今约有四五百年历史，可谓镇馆之宝。生活用具有木桶马勺、簸箕簸箩、纺车风箱、升斗尺秤、杯盘壶碗、火石火镰、煎饼鏊子、捻线锭子、饸饹床子，以及棉油灯、煤油灯、罩子灯、灯台、灯壶、灯碗、灯盏、灯笼、吊灯、汽灯等。

博物馆院内摆放着许多太湖石、天书石、猪头石、马头石、狗头石、百孔龟、千孔狮、豆瓣石、鹅卵石、花纹石、五彩石，以及远古植物化石，形态各异，浑然成趣。

石头花盆

石槽

石头花盆上刻有文字："王八拖山人来看，小孩生气把事断。"是说清官难断家务事，告诫乡民要和家人和睦相处，不要动不动就吵架生气

各式各样的石蒜臼

保存完好的石头器物

石蒜臼

石头香炉

石头香炉

石头建筑古庭院

于家村有三百多座院落，无一雷同，各有神韵。院落虽有大小，但家家户户干净整洁。院内多种植石榴树、海棠树，摆放着山花、怪石。院外石头围墙上有拴马石。院落大门左边墙上凸出墙面的那两个带孔的石头“耳朵”，是拴马环。虽然名字叫拴马环，但实际上大多是拴毛驴用的。过去村里几乎家家有毛驴，在农忙时把毛驴拴在上面以便装卸，农闲时把毛驴拴在上面让它休息。

↑ 有道故居

在于家村古老的民房之中，有道故居和葡萄院是石头民居的代表作。

有道故居

有道故居位于官坊街于氏宗祠后，现占地面积50平方米，主体为窑洞，屋顶为石头拱券，墙体为青石垒砌，是于氏先人建造的第一座房屋，见证了于家村的建村史。现归村集体所有。

窑洞原有四间，现仅存一间，院子也只留一角大。尽管如此，它的地位仍是元老级建筑。院内院外一片石头天地：石街、石墙、石门洞、石台阶、石门墩、石影壁、石头院、石窑洞、石水槽、石桌、石凳、石小磨，活生生一座明代农家石头院落摆在眼前。

从正房窑洞可以看出，墙壁厚度接近一米，房顶厚度超过一米。这么厚实的窑洞，冬天冷气冷不透，夏天热气热不进。这窑洞显然是一座冬暖、夏凉、春宜、秋爽的住宅，是一座不用生火、不用暖气、不用空调、不用风扇的房屋。从外墙上看，石块粗犷、厚重，形状不一，錾迹少，很结实。这建筑是古人留下的历史美、朴素美。

葡萄院

葡萄院位于大西街，占地面积181平方米，整个院落全部为石头建成。主体结构为石头拱券的窑洞，无梁无柱，墙宽顶厚，冬

↓ 葡萄院一角

↑ 葡萄院

暖夏凉，是民居中的精品。院内种植葡萄、石榴和各种花草。院落干净整洁，是较为典型的石头院落。

院内的这棵古老的葡萄树长得茂盛粗壮，并且与这个宅院相依为命，不知道度过了多少个岁月，因此，这座院子叫作葡萄院。

↑ 葡萄院

四合楼院

四合楼院位于下街券门阁内，分东西两院，始建于明末清初，占地面积共700多平方米。四合楼院北高南低，三面是楼。正房下层为石券洞室，居室高大宽敞。整座建筑古朴典雅，错落有致。登上21级石阶，即到正房楼上，正中为四扇花棂木门，两根明柱分立左右。门口前面建有几十厘米高的短墙，短墙上全部安装着花棂窗扇。东厢房是小姐绣楼，西厢房为公子读书楼，西厢房后面建有一排小房，为长工房、磨房、库房、工具房、水井房等，南屋为迎客厅。中间院落形状为前窄后宽，呈八字形，小院内全为青石铺砌，显得十分干净整齐。宅院大门开于院落的东南角，上有门楼，下有门洞，筒瓦飞檐，宽阔高耸。门槛两侧是石雕门墩，门外一侧设有拴马环、上马石。两扇黑漆大门上分别嵌有古式门钹和门环，门板上横着四行球形圆钉。

↑ 四合楼院西院

柏树院

柏树院位于上街西段，建于明朝，因为祖上在院里栽植一株柏树，至今依然苍翠，所以叫作柏树院。这是个保存完整的四合院，东西两面是阁楼，南面原来是个大戚位（一般位于正房对面，是亲戚来时住的地方），北面是瓦房，这里曾经作为药店，木窗棂基本保存完好，特别是门楣上的镂空大字“介以繁祉”耐人寻味，这四个字出自《诗经·周颂·雍》，是祈求赐予长寿，保佑多福吉庆的意思，可见这间药店的主人心存怎样的仁善美好。

↑ 柏树院

这家人的祖上在山西平定贵石沟开油坊，家业比较大，堂号叫“聚兴堂”，后来在于家村开了这个药店，店里的中草药一般不卖钱，大都是施舍给大家，救济村里的家族，大家都很信服

四合楼院一角

四合楼院望南山

四合楼院大门

四合楼院东院

四合楼院东院二门

四合楼院砖雕

四合楼院侧门

四合楼院内景

这家人。这家人常说，药是用来治病救人的，有钱就给，没钱就不用给，不能因为没钱拿药而耽误了治病。

这家人还把榨油技术和做月饼这一类的手艺活儿教给村里人，后来又在祠堂里教书。柏树院的人和柏树一样德泽乡里，恩惠百姓。

月门院

月门院，位于狮子巷中部，观音阁戏楼后西侧。因大门上方有“颐安清”三个大字，所以又叫颐安清院。该院属两进四合院，二进门为月亮门，因此人们更习惯叫它月门院。月门院是一座东西向院落，总面积为234平方米，采用砖石木结构，四面为瓦房，以西屋

↓ 月门院内景

月门院的月亮门

↑ 松树院外墙

为祖房，南屋为阁楼，总体风貌较好。院外有小花园，春天桃花盛开，别具风情。

松树院

松树院位于上街中部，总面积190多平方米，以砖石木结构为主，主体结构保存完好。进门处有一棵百年松树，因此得名松树院。该院落西屋为正房，大门朝北开启，是村内较大的一座四合院。

海东四合院

海东四合院占地面积100多平方米，

↓ 海东四合院

是于家村院落中房屋样式最多的四合院。四合院主体结构保存完好，正房北屋为石券窑洞，东房为无梁殿，西屋为瓦房，南为阁楼。

双门院

双门院位于下街中部，总面积200多平方米，主体结构以砖石为主。双门院，由于该院落的影壁有两个拱券门而得名。南房、东房和北房均为青石砌筑，现保存较好，西房为青砖砌筑，已损坏。

↑ 双门院大门

↓ 双门院的影壁

乱石铺锦满街巷

石头村是石头的世界，石头房子石头街。石头古街是于家村的一大景观。于氏先祖来此定居，斗转星移，代代相传，人口渐增，户数渐多，逐步建成了村落。先人对建房布局和街道设置都有明确规范，东西为街，南北称巷，不通者谓胡同，狭窄者名夹道，全村共有六街七巷十八胡同十二夹道，总长3700多米。这六条街分别是上街、下街、礤石街、大西街、小西街、沟边街。街宽3—4米，巷和胡同宽2—3米，夹道宽1米左右，全为青石铺就。青石大小不等，形状各异，巨细相间，纵横交错，这些明清古道，多达五百载，少有三百年，蜿蜒回环，不知凡几。岁月沧桑，人来畜往，每块石头都被踏得细腻光滑，成为石头村的一道风景线。

↑ 明清古道

街道两旁的古式门楼、石头瓦房、石头平房、石头窑洞，依高就低，顺势而建，邻里相接，唇齿相依，街倚房建，房与街齐，由近及远，呼应顾盼，虚实藏露，隐约其间。这奇异的明清古街，是山乡古村之奇葩，是华北农村一大名胜。

然而，这些石头铺就的小路并不

像看上去那么简单，还承担着非常重要的功能。因为于家村常年缺水，村民们都很珍惜降临到街道上的雨水。村子依山势而建，雨水就能够顺着街上的小水道从高到低，流到各家各户院子里的旱井中。村民的生活就靠这些旱井。除了各家的院子里，路边的井窖也是随处可见。它们共同形成了一个密布的井窖网络、巧妙的排水设施。

↑ 上街

上街、下街

这两条街道是于家村最早的街道，也

↓ 雨后石头街

↑ 大西街上的小胡同

↑ 石头街道

是村内主要街道，分别长500米左右，平行而建，横贯东西。上街是祖先住的地方，因官坊坐落在该街，所以又叫官坊街。这两条街道都是河卵石砌就，依山就势，西高东低，坡度较缓。相较于上街，下街较宽且直。

礤石街

礤石街又叫高头凹街，地势比较高，因此街道非常陡，用石头铺砌，坚固又防滑。

大西街、小西街

这两条街道是300年前扩建的。大西街地势较高，因此街道也比较陡。大西街上都是各盖各家的房，各砌各家的路，路也是用河卵石铺就的。“大西街怪事多，六个胡同三道坡。人参石头铺中路，铁拐李下山踏了俩窝。”这段顺口溜描述了大西街的特点，也留下了难以破解的含义。小西街比较平缓，和沟边街相似。

沟边街

沟边街是各家盖了新房以后逐步扩建的，是用平整的石头铺就的，所以相对平缓。

于家村的桥连接街巷，也用石头建造而成，在此意义上，桥也可算作街巷的一部分。

永固桥

永固桥跨河而建，为单孔拱券式石头桥，桥长15米，宽4.4米。在离桥不远处的大街旁的墙上镶嵌一块碑（“入墙碑”），上有关于永固桥的记载：永固桥是顺治十六年（1659）建成的，距今已有三百多年的历史。永固桥是于家石头村必不可少的跨河沟通道。这座石桥虽不壮观，却很结实。经历多少沧桑岁月，依然坚固如初。“永固桥”这名字起得很有远见，名副其实，是于家村石头桥梁建筑的重要代表。

↑ 永固桥

于家新桥

↑ 于家新桥

于家新桥位于南山脚下，长24米，宽8米，1971年修建，是村里的主要交通设施，不仅沟通于家村南北，是村里通往南场集市的重要通道，更重要的它还是于家村附近一带最大的可以行驶汽车的公路桥梁。

乱石铺锦石头街

位于下街西头的四合楼院

上街

礤石街

乱石铺锦石头街

磜石街

磜石街东段

磜石街西段

↑ 真武庙中的八棱石头香亭

↑ 俯瞰真武庙

庙宇楼阁守古村

真武庙

真武庙位于石头村正中，上街北侧，坐北朝南，始建于明嘉靖四十五年（1566），建筑面积为170多平方米。真武庙是一座砖石结构的庙院，建在15级石阶上，是村内古建筑之中建筑最早、碑碣最多、地势最高、台阶最多的一座庙院。真武庙大部是石头建筑，在石头墙壁之中，有的是在维修时垒的，所以有明显的年代差别。门首悬挂的“默会万真”匾额是一块古匾，后来重新刷了油漆。庙宇正殿是一座五脊六兽建筑，筒瓦飞檐，屋脊上镶有二龙戏珠砖雕，均为明代遗留物。殿内供有金面真武塑像，道教尊称为“真武大帝”。“真武”本为“玄武”，据说，在宋代因避皇帝赵家圣祖的讳，而将“玄武”改为“真武”。“玄武”是天之四灵之一，又名龟蛇，由北方七宿组成，是中国古代神话中的北方之神，这尊像可能就是照此塑成的。

原来真武庙共有八通石碑，可惜在20世纪60年代都被砸毁，只有村史碑幸存下来。村史碑上记载着于家村原名叫白庙村等历史。另外，还特别提到了于家村的风水对应东青龙、西白虎、南朱雀、北玄武。虽然碑上没有叙述更多风水细节，但也可见于氏先祖来这里定居时，在风水考察上是下过大功夫的。

正殿两侧有厢房，原来西边是值班室，东边是存放皇纲、灯笼、铁炮、香火等东西的储藏室。

庙门前有15级石头台阶。走进庙门，迎面竖立的是一座五尺多高的八棱石头香亭，香亭顶上是石雕双耳香炉。每年农历五月十九日是真武庙的庙会，届时，周围各村的群众都要来上香，这香炉很快就“香满为患”，香炉满了，就到真武塑像前烧，香烟缭绕，十分热闹。香亭周围刻有诗句：“宝鼎烟霏瑞霭庭，莲花瓣瓣附香亭。乘除有数更新制，隅正相排仿旧形。八面磨成璃映碧，一拳削就石仍青。乡民顶礼从兹肃，升降阶前仰圣灵。”从诗句中可以看出，原来的香亭因岁月沧桑而损坏，现在这个香亭是后来复制的。虽然是复制的，但形制和原来的香亭一样。

真武庙、全神庙所处位置叫作“官

↑ 真武庙大门前

↑ 真武庙正殿

↑ 真武大帝塑像

↑ 全神庙

↑ 全神庙内民国八年（1919）建校碑

↑ 全神庙内神像

坊”，以前每逢春节这里十分热闹。

全神庙

全神庙位于真武庙西侧，建造于清顺治十三年（1656），占地面积120多平方米。现主体结构保存完好，屋内有两根木柱，其中左边一根为灌木荆条长成，十分难得。该庙基础为青石垒砌，墙体青砖，屋顶为青瓦硬山式，屋脊上东西两侧镶有兽头。门窗全部为板搭装饰。庙前青石铺地，有石碑两通、古石井一处。

全神庙内原来的古全神案在抗日战争时丢失，现在墙上挂着的全神案是2003年前后绘制的。

白庙

白庙始建年月不详，于氏先人来此定居前就有此庙，故村名原为白庙村。白庙坐落在于家村北山顶，多次修葺，新中国成立前毁于战乱。2002年，于家村集资重修庙院，2003年修建完成，并恢复庙会。

关于白庙有两个传说。一个是传说

唐朝武则天在位时，皇宫着过一次大火，武则天下令谁要是能救了皇宫的火，就拨银子给谁修殿。这时，正好从南天飞来一片黑云，下了一场大雨，把皇宫的火扑灭了。武则天找军师算了这云在井陉县的龙天垴，也就是现在白庙所在的地方。武则天说话算话，给拨了银子，让在龙天垴照着皇宫修殿，结果关关克扣，最后没有多少银子了，就修了一个小庙，在庙墙外边刷了一层白灰，故而人们就把这庙叫白庙。

另一个传说与隋唐英雄李密有关。李密是一个受人喜爱的将领。传说当时李密的部将正好在白庙那儿领兵打仗，他十分

↑ 白庙大门

↓ 白庙供李密的祖庙

崇拜李密，就在那儿挖了个白龛，把李密的牌位放在那儿供着，所以起名为白庙。

清凉阁

清凉阁位于村东，是于家东大门，始建于明万历九年（1581），占地面积100多平方米，一、二层为石头垒砌，是于谦第七世孙于喜春独自一人兴修，第三层为后人续修（详见第四章）。

观音阁

观音阁位于村南，临河而建，为村南大门，始建于顺治四年（1647），占地面积30多平方米，坐南朝北，前置歌楼，后及山川。观音阁分上下两层，上砖下石，上层为观音庙，下层为石洞

↓ 观音阁

门，下层石料规矩方正，錾迹细致。房顶两重筒瓦飞檐，房顶前坡截然分为两段，宛如两个房顶衔接在一起。观音阁东侧建有九级露天石阶，直通观音庙。庙内塑有观音、文殊、普贤三尊菩萨，是人们烧香、敬神之地。

古人有诗歌对观音阁作了简要介绍：“两层楼阁，朝北坐南，前置歌楼，后及山川，右倚古道，左临桥涵，上砖下石，筒瓦重檐，庙不大而蹊跷，洞不阔而古奥。”具体地说，观音阁有以下八个特点。

↑ 观音阁

一是两段房檐。就是“筒瓦重檐”，但不是通常古建筑上的“斗拱重檐”。从房顶上看，南面短，北面长，而北边这面房顶从中间截然分为上下两段，并且分别建了两个房檐，一前一后相距两三米。可是，从左右山墙上看并没有任何衔接痕迹，说明这两段房顶是一起建成的。可是为啥要建成这样呢？很是蹊跷。

二是两节山墙。从侧面山墙上可以看出，上半部是砖墙，下半部是石头墙。这两节山墙，一般看来并没有什么蹊跷，却蕴藏着值得琢磨的问题。其一，石头村到处是石头，为什么还用砖头呢？其二，这

↑ 观音阁和歌楼相对

墙上的砖不是平放着垒，而是侧棱着垒，这是为什么呢？原来这座观音阁是在近四百年以前建成的，在那个时候，山区农村人认为盖砖房是很讲究、很阔气的事儿。因为附近没有砖窑，要买砖就得花大价钱到很远的地方去买，一般家庭买不起，只有个别有钱人家或村里修公共建筑才用一些砖，而且还得节省着用，这墙上的砖头之所以侧棱着垒，就是为了节约用砖。把砖侧棱起来垒成许多方格子，然后按照墙体的厚度，在方格子里面用土坯补齐。这样一来，就能够节省一半以上的砖头。这种墙叫作匣子砖墙。把砖放平垒成的墙叫作卧砖墙。观音阁的石头墙最细致，其石头建筑工艺是村中众多古建筑之首。仔细观赏，认真辨别，不难发现，观音阁整个下层的石料制作錾迹精细，方正规矩，垒砌得丁一卯二，严丝合缝。在那个时候，这深山农村老百姓的石工手艺能够达到如此程度，实非易事。

三是七脊八兽。通常的古建筑，有的脊多兽多，有的脊少兽少。但是，像观音阁这样的七脊八兽建筑却较为罕见。于家村的古建筑中脊、兽最多的是清凉阁——九脊十兽。真武庙是五脊六兽。全神庙最少，只有一条正脊一对兽头。唯独观音阁是七脊八兽。可以看出，朝南那面房顶只有一道房檐，即一对垂脊一对兽；而朝北这面房顶是两道房檐，即两对垂脊两对兽。这样，将南北两面房顶的脊、兽合起来是六个垂脊六个兽，然后再加上最上面的正脊和二兽，正好是七脊八兽。原来，观音阁主殿和抱厦的屋顶合二为一了，抱厦的屋顶接续了主殿北面的屋顶，形成一个长屋顶，为了节省空间，减少了一面坡，而规制不减，使整个建筑显得紧凑而大气。

四是宝瓶吉象。观音阁顶上，正脊中间竖立的装饰是一头大象背上驮着一个既像塔又像葫芦的宝物，有人说那是象驮宝塔，也有人说那是象驮葫芦。实际上，象背上驮的是宝瓶，“象驮宝瓶”寓意吉利：大象，象征吉祥如意，宝瓶象征招财进宝。“象驮宝瓶”象征观音老母大慈大悲，为百姓送吉利，送平安，送财气。这“象驮宝瓶”装饰较为罕见。

五是鸟兽瓦钉。鸟兽瓦钉，是指装有小动物的瓦头。仔细看观音阁的房檐，每垅瓦的瓦头上都装有一个猫头，猫头后脑勺上有一个小动物装饰——鸟或兽。这种瓦当名叫“瓦钉”，因为这种瓦的上面有小动物装饰，下面是一个“钉子”。这“钉子”在扣瓦的时候深深地插入灰泥之中，将瓦钉牢，是专为固定瓦当而设置的。原来每垅瓦头上都有鸟兽，前后共有三道房檐，每道房檐21垅，总共63垅，装有63个猫头、63个鸟兽，再加上七个脊上的二三十个鸟兽，这大小鸟兽加起来不下百十来个，这也是够稀罕的了。可是，由于年代久远，经历风雨剥蚀和多次维修换瓦，许多鸟兽已不存在。

六是门低洞长。前边说过了，观音阁是本村的南大门，既然是全村的南大门，为什么修得这么低呢？由于年代久远，人们的说法不一。有人说，这门洞本来不低，为让雨水避开门洞从两边走，后来把这段路面抬高了，因此门洞就显得低了。也有人说，观音阁坐落在这个南邻河沟、北靠街道的狭窄地带，假如下层建得太高，上楼台阶就必然陡峭，很不安全，因而才建成这样。还有一种说法是，门洞低是为了让人低头通过，表示对阁上供奉神灵的尊敬。这些说法到底哪个对，至今无解。再说这门洞，虽然建得不高不宽，但是深度长达六七米，让人感到幽深古奥、与众不同。这种“门低洞长”的建筑形式，是因为怎样的缘由设计而成的，成为一个未解之谜。

七是三次庙会。一般的庙宇都是一年一次庙会，而观音阁却是一年三次庙会，每年农历的二月十九、六月十九、九月十九都有庙会。据说这分别是观音老母的生日、出道日、修仙日，因而这三个日期都要有庙会。有趣的是这三个日子都是十九日，每次庙会会期都是三天。

八是三尊神像。观音阁内供奉的三尊神像是观音菩萨、文殊菩萨、普贤菩萨。佛教讲的四大菩萨之中还有一尊地藏王菩萨，因为地藏王菩萨供在了清凉阁内，所以这里供奉的是三尊菩萨。前面说的每年三次庙会都是观音菩萨的庙会，不知什么原因，文殊菩萨和普贤菩萨没有庙会。

↓ 进入于家古村落的必经之地

歌楼戏台流异彩

戏楼（台）又名歌楼，对此有两种说法：一种说法是于氏先祖是南方人，歌楼这名字是从南方传来的；另一种说法是本村只有一个戏剧班子，除这个班子在台上演出外，还有其他人的演唱小节目和说唱小节目也在台上演出，因此叫歌楼。

于家村戏楼共有六座，这么一个深山小村居然有这么多戏楼，实属罕见，可见这里的文化生活有多么丰富。

于家村最早的戏楼是明万历年间建造的清凉阁戏楼，建筑有南方特点。全神庙戏楼建于清康熙十三年（1674）。观音阁戏楼建于清康熙十四年（1675）。白庙戏台很早就有，解放时被烧过一

↓ 游客中心大舞台

次，现在只剩下台基。1962年建学校时盖了舞台，1964年完工，面宽9.2米，进深10米，当时学校用来搞活动，也兼顾村里文化活动，现在成为博物馆的一个展室。1984年又盖了大舞台，即现在的游客中心大舞台，面宽25.5米，进深15米，舞台下面是600平方米的露天广场，这里是村里唱大戏、放电影、举办大型活动的中心场地，2016年中国民间文艺家协会就是在此为井陉县颁发的“中国传统村落保护区”荣誉牌。

↑ 清凉阁戏楼

↑ 清凉阁里盛开的紫丁香

清凉阁戏楼

清凉阁戏楼位于村东清凉阁东北方向的二层台基上，坐西朝东，与清凉阁斜向对，是全村第一座戏楼，明代万历年间建成，面宽7.3米，进深6.2米。一百多年以后，因为墙体多处变形、倾斜而重修。清雍正四年（1726），于有道第十世孙（五股）于文庆个人捐款，大家出工重修而成。因为这座戏楼两边竖有两根石柱，清凉阁戏楼便一度成为于家附近一带挺有名气的“石柱歌楼”。

这戏楼虽说曾经重修，但是原来的台子未拆，根基未动，石柱原装，屋顶也都是按原样修建的，因此这个戏楼仍然可以说是全村诸戏楼之首，是明代留下的古建筑。

戏楼观众席是一个围合的园子，占地百余平方米，北侧墙根有古老的紫丁香，南侧是一株高大的杨树，戏楼与清凉阁等一起形成一处独特的古建筑群，成为于家石头村村东胜景。

↑ 全神庙戏楼

全神庙戏楼

全神庙戏楼位于上街中部南侧，坐南朝北。该戏楼建造于清康熙十三年（1674），面宽8米，进深7.1米，主体结构保存完好。戏台高约3米，为巨块条石垒砌而成，卷棚顶，筒瓦飞檐，墙体为青砖垒砌而成，戏台分前后台，前台有四根木柱支撑，后台为化妆处。耳房为乐队伴奏处。

↑ 全神庙戏楼

全神庙戏楼的观众席为全村东西南北街道交会处，这里的空场、庙院、街道布局巧妙，空间利用合理，戏楼前面是街道，街道旁边是一处井窖，井窖的东侧是真武庙，北侧是全神庙，形成于家石头村中部的一处古老的建筑群。

↑ 夕照古戏楼

客自远方来

清凉阁

↑ 蜃气楼屋脊

↑ 蜃气楼内部结构

↑ 蜃气楼旧照

观音阁戏楼

观音阁戏楼，又叫蜃气楼，位于下街西段北侧，建于清康熙十四年（1675），面宽9.55米，进深7.2米，观众席广场占地百余平方米。蜃气楼基座石料垒砌方正，前墙为青砖砌成，戏楼房顶为硬山式，屋脊有兽头。观音阁“前置歌楼，后及山川”的“歌楼”就是指这座戏楼。蜃气楼现保存完好，在没有盖大舞台之前，这里一直是全村集会、文化活动中心。

蜃气楼的舞台上面，前台和后台之间用花棂隔扇隔开，隔扇正中的圆形木雕图案是“福禄寿”三星，正上方匾额是“蜃气楼”三个大字，别有情趣，意指歌楼是一个虚幻世界。台上，两个门口上方分别刻有“引商”和“刻羽”字样，这四个字合起来“引商刻羽”是一个成语，形容戏曲演奏得优美动听。后台为化妆室，前台立有四根明柱，耳房为乐队伴奏处，台下广场有一口水井，不仅提供庙会用水，还有天然音箱的作用，同时还是必要的消防设施。

干礤石墙护农田

↑ 村落旁的梯田

↑ 村外层层梯田

于家古村落外围山坡上是于家村人辛勤耕耘的梯田。

人们沿着山坡或山沟，从下往上，每隔一段建一道坝墙，用土填实，一层一层错落而上，远远望去好像阶梯一般，故名梯田。“堎”是山区梯田的“地坝”。堎有黏土打成的和石头垒成的两种，于家村的地坝都是石头垒起来的，也叫石坝、石塔。在于家石头村方圆10平方公里的山场中，所有梁岭沟坡无处不石坝，无处不梯田，弯弯曲曲，层层叠叠，像一幅精心绘制的工笔画。现在全村有石坝梯田两万多块，共2600多亩。石坝高低不等，长短不一，高者八九米，低者二三米，长者数百米，短者三五米。这些梯田的石坝连接起来长四五百公里，可以从井陉一直排到北京。可以想象，于谦子孙流落深山，谋生创业是多么的艰难。有诗曰：力欲尽，汗欲干。手积茧，背积弯。千万辛苦筑石壁，五百载，不曾憾。忠肃在深山。于家人钢錾生辉，铁笔赋诗，八百华里石坝，写就千古华章，为太行山增添了一道亮丽的风景线。

于家村四面环山，犹如世外桃源。四季分明，春华秋实，春有山花烂漫，夏有绿意盎然，秋有红叶似火，冬有玉树琼枝。山高而无凛冽寒风，村幽而得普照阳光，环境独特，静享时光，自是“人间之佳境”。

↓ 老梨树

第三章 人间自有佳境在

↓ 老丁香树

天然胜景老虎洞

老虎洞是于家石头村清凉阁南侧青石山上的一个天然山洞，距村二三百米，此洞洞口高三米多，宽二米多，因洞里被淤泥堵塞，只挖进十几米，洞深多少尚不清楚。洞内忽宽忽窄，忽高忽低，奇坎怪缝，折折曲曲，为一处天然胜景。传说，以前洞里住着老虎，从这山进去，那山出来，老虎洞弯弯曲曲有两三公里；还有“老虎洞烧火，康掌沟冒烟”等传说。

↑ 天然海螺化石

1999年初秋，村里清挖老虎洞，挖出许多兽骨化石和石刀等器物，说明很早就有人类在这里活动。

↑ 老虎洞

老虎洞洞口灌木丛生，密布如网，两旁是悬崖峭壁。洞前山坡陡险，坡下是带状梯田，递次而上，大树、小树点缀其间。山道十分狭窄，蜿蜒崎岖，乱石济济，临近洞顶处，山势陡峭，十分险峻。这里还有一块罕见的光溜溜的大石板，约有30平方米，名叫“仙人床”。

一览众山青云寨

青云寨，俗称寨坡山，位于于家石头村正北不到0.5公里处，是于家村天然屏障寨垴山的最高峰。站在这里环顾四周，远近风光尽收眼底。近处，鸟瞰山下，众村簇拥：于家、当泉、史家、高家、樊家、张家、康家、郝家八村环绕，鸡鸣犬吠，人来人往，好不热闹。远看，东、西、南三面层峦叠嶂，绿树成林，山路弯弯曲曲，梯田层层叠叠；北面，目及百里，云烟缭绕，数十里之处有名的重工业区井陉矿区和开阔的威州川历历在目。

↑ 青云寨

青云寨是一座古兵寨，可谓兵家必争之地。1927年，晋奉战争时，晋军的粮草部就设在这里。日军侵华期间，日伪军在山顶上修建了一座十几米高的炮楼，1946年被八路军一举荡平。

↑ 坐落在寨垴山下的村落

青云寨，南北陡峻，东西坡缓，四面梯田环抱，八方石坝连绵。前面小道蜿蜒，后面大路平坦；这边奇石嶙峋，那边草木翠微。爬上寨去，荡胸生层云，且一览众山小。

绿色长廊大窑掌

大窑掌位于于家石头村西南两公里处，与青山无底洞南北相依。这是一个长达一公里的山沟，原来山上山下全是梯田，现在已经全部植树成林。沟内，毛白杨枝繁叶茂，挺拔高大，顺着山坡步步登高，筑成一条绿色长廊；两侧坡上，乔木、灌木、花草丛生，形成一个苍翠世界。每至盛夏，山上山下融为一体，化作一片林海，远远望去层层叠叠，郁郁葱葱，令人心驰神往。

↑ 大窑掌上避雨的石屋

在茂密的毛白杨树林中有一棵“宝树”，这宝树并非稀有品种，只是一棵年近百岁的黑枣树，由于生有罕见的九个树枝而一举成名。常言说“人不能全占，树不生九枝”，而这树正破此说法，故称“宝树”。这棵黑枣树粗壮高大，树身七八拃粗，树干三四米高，树冠圆如满月，有二三十平方米之大，好像一顶巨大的遮阳伞，十分气派。不仅如此，这棵黑枣树结的黑枣也很特别，果实之内没有果核，俗称“羊奶头黑枣”，吃起来绵软细腻，香甜可口。

大窑掌还有两个天然山洞，相距

250米。一个山洞朝东南，山洞较大，能容纳二三十人，洞口宽阔，洞内明亮，好像一座房子，这是人们下地干活存放东西、小憩、吃饭、避雨的天然“客栈”。一个山洞朝西南，这个山洞较小，却别有景致，此洞有两个洞口，一上一下，一大一小，大的在下为门，小的在上如窗。走进洞去，洞内有洞。沿左侧向上即可到达窗口，居高临下，别有洞天。再说洞内，坑坑洼洼，凹凸不平，大小石块奇形怪状，有的像鸟巢，有的如弹坑，有的似走兽，有的像爬虫，千姿百态，饶有风趣。

大窑掌是一处颇有观赏价值的天然生态风景区，这里林秀石瑞，天高气爽，香花芳草，沁人心脾，如能到此一游，势必心旷神怡。

万木葱茏麒麟沟

麒麟沟“天然公园”距于家石头村西三四公里，这里崇山峻岭，祥云瑞霭，奇石异洞，峭壁悬崖，可观看八千亩松涛波澜，蔚为壮观。

麒麟沟很长，顺着沟上去，最高的山峰叫作三棱坡，海拔850多米，山势峥嵘。爬上山顶北望，可见天长镇数村及远处的大台山；西面是连绵起伏的固关屏障；东可目及40公里远的挂云山；南面是梁江川，云烟缭绕，峰峦逶迤，松涛滚滚，百鸟争鸣，远远近近几簇农家，炊烟袅袅，颇有“一去二三里，烟村四五家”的诗情画意。从谷底到山巅，石坝梯田层层叠叠，像鱼鳞、像台阶、像天梯，布满所有山川沟壑，一望无际，美不胜收。

三棱坡东侧豁然开朗，号称天然牧场，在大自然赋予的茸茸绿

↓ 麒麟沟

毯上，一簇簇羊群点缀其间，好像朵朵白云。

往牧场东南行约两公里，齐刷刷一座峭壁，高百米，直上直下像刀切一般，这就是龙王台。因其岩面呈浅红色，又名赤壁崖。崖顶草木丛生，雄鹰盘旋。崖下有一山洞，形如蛙嘴，百鸟聚鸣。站在这里，仰面壁立森然，俯首谷深万丈，崖下的山洞是1927—1928年晋奉战争时晋军的指挥所。洞侧数十米处是一条古栈道，直达山下梁江川，是沟通麒麟沟南北的大道，也是晋奉大战时运送粮草的要道。

龙王台北面，与龙王台遥遥相望的是平顶坡，也叫平顶山。此山形如窝头，顶平坡陡，虽说不是峭壁千仞，却与龙王台不分高下。平顶坡四周植被茂密，郁郁葱葱，南侧留有宽大的防火带。沿防火带而上，鸟瞰山下，满目林海，碧“波”荡漾。山顶之上，被巨大无比、千百吨重的石块所覆盖，由西向东一字并排，高低俯仰，鬼斧神工，层层搭接，犹如上天精心筑起的“城堡”。沿“城堡”攀岩前进，一道裂口令人戛然止步。这裂口宽八九米，深十几米，据说这是古人为破坏脉气而挖掘的豁口。此处的石面上还留下一个汉字，左看是“大”字，右看是“木”字，历经风吹雨打，千秋百载。位于“城堡”以下二三十米处，是人工“抗战连环洞”，其在不同方向开有四个洞口，其中三个洞内挖有通道，相互连通，故名“连环洞”，据说这是抗日战争之初阎锡山指挥挖掘的抗战洞。

平顶山下左侧森林最密，漫山遍野全是青松，多年累积的落叶（松针）覆盖了整个大地，又厚又软，踩上去好像地毯一般。穿林而过，凉爽幽暗，不见天日，真可谓“登峰俯首不见地，入林仰面不见天”。小风掠过飒飒作响，大风袭来千树万树一片摇荡。树枝上、草丛中偶有松鼠、野兔出入，十分可爱。据说过去狼、狸、狐、貉都有，现在狼已绝迹，其他动物也不太多，只有野兔繁衍最盛。人们在这里可以领略森林世界的独有风范，尽享大自然的无限野趣和芳香。

有人说这里是一座空山，山洞成群，到底有多少个山洞，尚无准数，单就宽十米以上的大山洞来说就有七八个。这些山洞，有的有水，有的产硝，有的藏兔，有的住鸟，有的有化石，有的有天井，有的“云纹”如龙，有的拱券天成……甚是有趣。恐龙洞，宽两米多，深七十多米，洞壁被挖去恐龙化石的痕迹（长七八米）清晰可见；往里看去，每隔一段就有一个天然拱券，一层一层由近及远。蛤蟆洞，洞口附近有一天井，直上直下露着天空，洞深六十多米，底平壁秀，冬暖夏凉。蝙蝠洞，长约六七十米，进口处洞顶有一宽窄不等的裂缝，高达数米，里面有许多蝙蝠；再往里去，洞顶有白色溶岩形成的花纹，如云如龙，弯弯曲曲直达深处。除此之外，还有硝金洞、狐仙洞、元宝洞、千乳洞、仙人洞、燕子洞、楼窑洞等，仅从这些洞名上看就非常有趣。另外，还有一个无名洞，在梁江川，此洞好像一串糖葫芦，由大小不等的山洞连成，幽邃莫测。曾有人拿着手电在洞内走了大约一里半路，因闻到异味，半途而归。据说历来探洞未果，有一次几人提着油灯进洞，一大碗棉油耗尽也未走到头。岁月蹉跎，几多春秋，时至今日，秘密依旧。

麒麟沟除上述景点外，还有明代长城遗址、古战壕、“万卷书”等景观。假如于家石头村是一尊古佛，那么麒麟沟便是一只玉钵，有了它的衬托，这一珍贵的文化古迹就更加璀璨夺目。

风泉万壑青山洞

“云树千山风泉万壑，洞门一扇石屋半重”，这是青山洞庙门上的一副对联。此联可谓盛赞青山洞之绝句。

青山洞位于于家石头村南二三公里处的深山峡谷中，这里悬崖峭壁，怪石嶙峋，苍松翠柏，芳草荡波，清风习习，鸟语花香。青山洞就嵌藏在这郁郁葱葱的原始丛林之中，洞深十几米，洞宽五十余米，洞顶外高内低，高低相差二三米，洞底被溶乳层覆盖，脉络起伏，如波如涌，这溶乳层多厚，寿有几何，不得而知。溶乳层下面覆盖着一个颇为诱人的秘密——“无底洞”。

此无底洞不是传说，而是事实，此洞好像斜井，扔块石头滚滚

↓ 青山洞石壁上的柏树

明代青山洞山门

青山洞灌木约有千年历史

高耸入云的灌木红叶树

青山洞明代修的古山门

青山洞正庙

青山洞庙内神像

而下，声音由大到小，以至无声，最终听不到落地的声音，因此人们称之为“无底洞”。其洞口在1956年发大水时被淹没，20世纪80年代曾设法寻找过，但无结果。青山洞山门古称龙门，至今保存完好，山门两边有两棵大树，一棵黑叶树，一棵红叶树。这红叶树是一棵奇树，说来令人难以置信：这粗若盆口的参天大树，竟然不是乔木，而是灌木——黄栌，是历经世代沧桑、千难万险才长成的。这里还长有一种俗称油荆的灌木，这种植物耐旱耐寒，韧性很强，不易折断，其木质白净细腻，能够刻字。无底洞、红叶树、油荆木为青山洞“三奇”。

青山洞原来建有五座古庙，供有南宋名将岳飞等神像。据说岳飞庙的大梁之上塑有两条蟠龙，张牙舞爪，抓着秦桧夫妇的人头，意在惩恶扬善。这五座古庙因年久失修，均已不复存在，现尚存的只有四块古碑。

前往青山洞有三个选择，即山路、沟路、水路。其中水路最有趣，它是利用水渠渡船，并且穿过“五里洞”直达青山洞。因为洞内有灯一连数里，游船入洞一片明亮，洞内风光一览无余，可谓“别有洞天”。

南山红叶醉重阳

村南红叶山有一片保存完好的原始灌木林，像一座屏风竖立在于家石头村对面。从明代建村时起，历代都禁伐此林。在这片郁郁葱葱的丛林之中，黄栌生长得最为茂盛。黄栌是落叶灌木，叶子互生，呈卵形或倒卵形，秋季变红……每到九九重阳，这里就漫山遍野红似火，大片红叶之间，偶有金黄和浓绿点缀，分外好看。红叶山上还有数不清的山花野草，仲春展绿，盛夏争艳，千姿百态，野花溢香，莺歌燕舞，蝶来蜂往，一片繁荣景象。红叶山下，宽数十米、长数百米的果园，像一条宽大的玉带，环绕在山脚之下，梨桃杏柿，林果飘香。果树品种多，开花不一致，春、夏、秋三季都有鲜花怒放，登高望去，一片花海叶浪，令人心旷神怡。向山顶爬去，道路崎岖回环，穿林过“海”，一路披荆斩棘，赏花识草，野趣横生。立于山巅向北眺望，石头村景一览无余。环顾周围：近看，水入菜园染青翠，风吹草低见牛羊；远看，崇山峻岭，沟壑纵横，条条山路，层层梯田。夏至绿如蓝，秋至黄如金，田景、山景、村景、路景，俨然一幅幅水墨画。

↑ 茂密的红叶林

清凉阁，于家石头村标志性建筑，也是井陉中国传统村落保护区的地标建筑。它是一曲凝固的音乐，不仅有铿锵的音符，更有悠长的旋律；它是一首不朽的诗篇，不仅有伟岸的骨架，更有独特的意境；它是一幅立体的画卷，不仅有豪放的写意，更有精美的工笔；它是一部古老的历史，不仅有石头的传奇，更有伟大的精神。十里八乡四百年阁，三层五室四十尊神。可谓：磐石起楼阁，犹见鬼斧神工；凌霄逐梦飞，更显壮志雄心。

↓ 清凉阁上的风铃

第四章 逐梦凌云清凉阁

↓ 于家村标志性建筑——清凉阁

憨气粗糙石头阁

于家村的东大门清凉阁，由三层组成，由于其石墙石壁、石梁石柱、石阶石栏、石门石窗、石鼎石案、石榻石龛、石磬石匾，均为石头搭建，所以又称石头阁。石头阁顶层为砖木结构，上挂扇形鎏金匾，上书“清凉阁”三个大字，南侧嵌有石雕龙头。

清凉阁为井陉县三大名胜古迹之一。乍一看此阁既憨气又粗糙，其实，这是一座经过深思熟虑、精心设计打造出来的稀世之作，有专家论断说这是一座具有深厚文化底蕴的独具匠心的巨石建筑。这“憨气”实为诚实美，这“粗糙”当是粗犷美，这种美犹如怀素之狂草、齐白石之泼墨，率性不羁，苍劲雄浑；犹如秦皇古道、千年松柏，尽显岁月沧桑，风骨非凡。

↓ 于家清凉阁

独建神阁于喜春

清凉阁，是一座有着九脊十兽、八大头衔、一阁多神、巨石磊磊的山乡古刹，很有传奇色彩，距今已有四百多年的历史了。

清凉阁高十几米，共有三层，下面两层为石头建筑，是本村村民于喜春为纪念先祖于谦，独自一人用16年时间建成的。于喜春是于谦第七世孙，他为人厚道，性格果敢。《井陉县志料》记载：“清凉阁在县治南十五里于家村，亦名三节阁，明万历九年（公元1581年辛巳）村民于喜春身大力强、家贫好义，独立兴修……阁下

↑ 位于阁顶的碑

↓ 古阁下，岁月的包浆

↑ 仰视清凉阁

↑ 于喜春修阁时休息的石屋

所砌之石多达万余斤重……"

传说，于喜春是一个力大无比的"神人"，他原计划建一座高大的阁，以此纪念先祖于谦。不幸的是，他修完第二层以后，在悬挂石头匾时轧伤了手指，不久就去世了。后人续建了第三层。

可是于喜春为啥是"神人"？为啥力大无比？有一个传说故事：于喜春是天上南极仙翁的下凡弟子，当时他飘落在深山旷野，浑身无力。这时，满山动物都来相助，问他需要什么，他只说需要力量。于是他获得了能够借用动物力量的本事，从此，于喜春就成了力大无比的"神人"。清凉阁是"神人"建成的，老百姓尊称其为"神仙阁"顺理成章。这当然是传说，由此体现出的是修阁的难度与艰辛。

三层五室多神住

清凉阁，有三层五室，四十尊神。三层，指清凉阁共有三层，第一层是搭券四门式，第二层是实心四室式，第三层是明柱回廊式。五室，指全阁上下共有五室，除第三层玉皇庙只一室外，其余四室全在第二层：西室观音祠、南室三义堂、东室三官庙、北室阎王殿。四十尊神，是说清凉阁内供奉的神像竟有四十尊之多。其实，除这四十尊塑像之外，还有二十八尊四方星宿画像，两者合起来是六十八尊神像。清凉阁有八个名字，为清凉阁、石头阁、神仙阁、杨花阁、三节阁、东大门、东头阁、东阁。由此可见，清凉阁一庙多神、一庙多名之说确实不虚，也说明于喜春这位“神人”留下的这座独特建筑的内涵独特。

第一层——搭券四门式

第一层为搭券四门式建筑。说是四门，其实只有三个门，因为北边靠着山，不能建门，只好建成三个门。这三道门，原来东门挂有风动石匾，西门高悬扇形鎏金匾，南门嵌有圆雕龙头。南门上圆雕龙头的牙齿后来被人打掉了，据说是因为它驮着清凉阁经常去南河喝水，有时候几天不回来，打掉牙齿以后它再也不乱跑了。

↑ 搭券式

搭券工艺，是指从地面开始，南北墙体一

层一层向上向内递次错落垒砌，顶部拱形三分之一的地方用长条石搭建，最后用一块巨大规整的石料横跨南北墙体压在顶上，正好构成了一个拱券形，这就是罕见的似搭非搭、似券非券的搭券式建筑。清凉阁十分坚固，几百年来，历经洪灾、震灾、火灾甚至人为破坏，至今仍巍然屹立在这里。1993年的那次火灾把拱顶于喜春侄儿为他刻制的纪念碑烧掉了厚厚的一层，南门洞顶烧下来的石块，其中最大的有二三十斤重。现在看到的拱顶上这块碑文，是在原处重新打磨，由康风隆老人按他保留的原文书写复制的。

第二层——实心四室式

实心是指二层的中间部分是一块实心巨石，围绕这块巨石，四面分别是四个独立的供奉区。这就相当于二层有东西南北四个庙，庙外是走廊，石栏石柱石挑檐，庄严而不失趣味。

西室——观音祠 “一块石头一根柱，一块石头一匹梁、一个平台一块石，一块石头一堵墙。”这里的建筑把这四句话全部体现了出来。西室的平台是“一块石”。不过这平台是新换的，錾迹较细，石块较薄，原来的平台錾迹粗犷，石块厚实，几乎有新换平台的两倍厚。这说明文物维修的难度，新工艺也缺乏古香古色的韵味。

西室门口的两堵墙，是由两整块石板戳起来的，右边石板上有两个坑，据说是于喜春两手抠着这两个坑，把这块石板背上来的。室内的两根柱子和两匹大梁都是整块石头制成的，整个西室就是在这两对粗壮的石梁石柱支撑下搭建而成的。

西室中有三尊神像，中间是送子娘娘、左边是眼光娘娘、右边是瘢疹娘娘。传说中，眼光娘娘是为人们的眼睛赐福的，是保护眼

↑ 送子娘娘塑像

↑ 三义堂

睛的神仙。常来给眼光娘娘上香，眼睛就会明亮，不得眼病，一旦得了眼病，就赶快来给眼光娘娘上香许愿，眼病就好了。瘢疹娘娘是为人们祛瘢除疹、保护人们肌肤健康的神仙。常来给瘢疹娘娘上香就不得瘢疹，一旦得了瘢疹，就赶快来给瘢疹娘娘上香许愿，瘢疹就好了。送子娘娘是为人类传宗接代赐福，为人们送子的神仙。常来给送子娘娘上香就会子孙满堂，一旦不生儿子，人们就来给送子娘娘上香许愿，儿子就会降生。又传说，清代有一个姓李的县官来这儿求子，果然就生了一个男孩。从此，每年正月十六（清凉阁庙会）这一天，李知县保准要来上香谢恩。这无形中吸引来了很多人前来上香。从此，于家村和城关一带不约而同地都改成正月十六过元宵节，至今仍然还是这样。

南室——三义堂　南室是搭建式建筑，与搭券式建筑不同，整个房顶均是以厚重的石板塔建而成，东西两边支起廊柱、撑出飞檐，适当向外倾斜，檐下建有凹凸相间的石制装饰；南墙上装有大小不等的四个窗孔，这四个窗孔排列奇特，上方并排两个窗孔，像眼睛，下面是鼻子、嘴巴，好像一张人脸，因此叫人面墙。

南室的石台上就座的三尊神像，中间是刘备，左边是张飞，右边是关公。神像面前原来摆放有石鼎和石磬。石鼎，其作用相当于香炉；石磬是存放香、纸、蜡、炮的容器。可惜石鼎与石磬在“文革”期间都丢失了。石台下站着两尊塑像，左边是关公的义子关平，右边是关公的马童周仓。现存的这五尊塑像都是1998年以后塑的，和原来不太一样。“三义堂”也是后来叫的名字。

1947年以前，南室叫作“老爷庙”。原来这石台上的也是这三尊神像，但是，排列位置和现在不一样：中间是关公，左边是张飞，右边是刘备。石台下站着的两个人，左边是周仓，右边是赵云。原来的五尊塑像之中，关公最为显眼，他不仅坐在中间，而且是红脸、剑眉、丹凤眼，有一尺多长的黑胡须。更令人注目的是，关公的两个鼻孔中也长着筷子那么粗、长长的两绺黑毛，与胡子一并耷拉在胸前。

西边的门口上方还悬挂着一面黑地金字匾，上面刻着“正大光明”四个叠篆。西边墙上的壁画画的是《三国演义》中的“关公计斩蔡阳”。在曹操攻打徐州的时候，关公与刘备失散，关公被围困在屯土山上。曹操为劝降关公，答应了他三个条件，其中最重要的一条是，只要有了刘备的消息关公就回去找刘备，曹操不能阻拦。后来果然有了刘备的消息，于是关公就告别曹操，策马千里，来到刘备城下。不想，守城的张飞却有疑心，不放他进城。正在这时，追杀关公的蔡阳到来，关公当即照张飞的意思，与蔡阳对战。等到关公斩了蔡阳，张飞才笑迎关公进城。这故事反映了关公的深明大义，以及对刘备、对蜀汉的忠贞不渝。

东室——三官庙　东室的直墙、平顶、两对石梁石柱，与西室基本相同，不同的是墙缝勾上了黄泥，这可不是于喜春留下来的。20世纪五六十年代生产队在这儿存放喂牲口用的干草，为防止铡碎的干草钻进墙缝就抹上了黄泥，后来在维修中也出现过用白灰勾

↑ 三官庙

缝的情况。这其实不符合清凉阁“不打根基、不填辅料、干礤垒而成”的特点。墙角石头上的红色，据说就是于喜春挂匾时轧伤手指抹上去的血迹。

东室的平台和西室的不一样，西室是“一个平台一块石”，这里是“一个平台多块石”。并不是没有大石料才建成这样，而是因为这平台前面要悬挂沉重的风动石匾，杠杆作用力很大，闹不好就会压翻，因此，才改用石条一直伸到室内，上面压上多块石头，利用这石条的撬力解决了石匾的重力问题。可见清凉阁建造的每一个部位都有精心的设计和安排。

东室又叫三官庙，石台上供奉的三尊神像，中间是尧，右边是舜，左边是禹。按当地传说，尧是天官，管天气；舜是地官，管种地；禹是水官，管水利。天气、种地、水利与农村老百姓紧密相关，因此，三官庙供奉三官，希望三官保佑于家石头村风调雨顺、五谷丰登。过去，每逢过年过节，老百姓就来给三官上香表敬意；遇到丰收年，老百姓就来给三官上香谢恩；遇到灾荒年，老百姓就来给三官上香，祈求三官保佑渡过难关。总之，三官庙的香火，无论丰年还是灾年总是长盛不衰，就是石台下站着的两尊伴神也和石台上的三官一样香火旺盛。

北室——阎王殿 从东北角进去略向下走就是北室。北室是二门六柱式建筑。北室上下两层，共四根小石柱，再加上北墙内的两根大石柱，正好是六根；但不包括中间的两根大石柱，因为这是在后来维修时增加的，要加上这两根新石柱就是八根石柱。这样一

↑ 阎王殿

来，原本不大的庙室就显得更狭小了。

北室是阴间世界——阎王殿，这里的光线幽暗，给人一种阴森森的感觉。石台上正中是地藏王菩萨，两边是十殿阎王，石台下左右是判官、伴神等神像。壁画画的是做了坏事的人被打入地狱正在受刑的景象。

过去，人们相信人死以后还要转生。北墙上部的三个门洞，实际是二楼的三个小窗，作为庙的意义上则是门，即转生门。正中是转生大官门，左边是转生小官门，右边是转生百姓门。下边有两个门，其中一个门叫狗洞门，是让生前做坏事的人从这门爬出去转生为猪、狗等牲畜；另外一个关着的门叫冥门，是死人、灵魂进入阴间的大门。因为地藏王菩萨大慈大悲，不忍心多死人，于是紧闭此门，必开之时一开即关。

第三层——明柱回廊式

第三层为后人续建，是传统的九脊飞檐明柱回廊式建筑，青砖灰瓦，古香古色。与一、二层截然不同，第三层只有八块柱础石是石头的，其余是砖木结构。东门原来高悬一块扇形匾，上书“清凉阁”三个鎏金大字。

第三层又叫玉皇庙，为独立一室，室内台上正中坐着的是玉皇大帝，左右站着的是两尊伴神。原来墙上的壁画是天上的二十八尊画像四方星座，也就是东西南北四个方向的四组星官；现在的布画是照原来的壁画复制的，原画就在这布画的后面。

↑ 玉皇庙

↑ 清凉阁第三层

↑ 巧夺天工的干礤石头墙

↑ 清凉阁一层和二层

神功助力古石阁

说于喜春是“神人”不算过分，清凉阁就是凭着于喜春的力气和决心建成的。

于喜春不仅力量大，而且手艺高；不仅为人忠厚，而且雄才大略。他心里一直藏着一件大事，决心要用自己的力量在村边修建一座庙宇来纪念先祖于谦。就在他谋划此事的时候，忽然接到官府通令要修八固关，因为于喜春石工手艺远近闻名，所以调他去当公差。他在修建八固关的过程中受到不少启发，觉得应该在村东口修建一座雄伟的九层楼阁，站在上面就能看到京都，看到先祖于谦舍身救国的地方。

可是，八固关这差事哪年哪月才能完成啊？愁得于喜春茶不思饭不想，沉思了不知道多长时间。有一天，他突然作出了一个石破天惊的决定：白天出去修八固关，晚上回来建楼阁。

于喜春一开工，村里人都要来帮忙，可是于喜春都一个一个地婉言谢绝了。他对大家说：人力就不用了，如果用到畜力，到时候我就说话，我喊到谁，谁把牲口喂好就行了。

从这以后，一到晚上就会听到于喜春的呐

喊声：“谁谁谁，你把牛喂上吧，啊！”可是喂牛人把牛喂上以后，等啊等，等到半夜也不见来人牵牛，可牛圈里的牛却满身大汗，并且吭哧吭哧地喘着粗气，好像在用力。原来是于喜春在借用牛的力气干活，并不把牛牵走。

就这样，于喜春把几百斤重的石头，甚至几千斤或上万斤重的石头，一块一块地从山上背回来，又一块一块地垒在墙上。同时，他又在南边栽了一棵杨树，并立誓说：这杨树长多高，阁就修多高。这就是清凉阁又称杨花阁的来历。就这样，于喜春马不停蹄，一鼓作气地干了十六年。为什么这么长时间才建了两层呢？第一，证明了清凉阁是于喜春一人“独立兴修”的传说，一人兴修，时间自然就长了；第二，清凉阁可谓独具一格，这种独特性干起来自然就费工费时。

清凉阁的确是一座独特的建筑，独特之处有四点，即用料独特、建法独特、设计独特、观感独特。第一，用料上，以百斤、千斤乃至万斤重的巨石为主，兼用中小石块；以原石为主，加工为辅，讲求粗犷美、憨实美、大气美、别致美。第二，建法上，以天然石底为基础，清凉阁建在一个斜坡石板上，依高就低，顺势而建，不打根基，不填辅料，完全干打垒

↑ 不打地基的清凉阁

↑ 走上石阶，既可进入清凉阁第二层祈福拜神，又可进入清凉阁戏院看戏

而成。第三，设计上，构思奇巧，独出心裁。料不求统一，工不求细腻，竖不讲压缝，横不讲成线，可谓别具匠心，鬼斧神工。第四，观感上，集美学、力学、建筑学等于一体，使得这一建筑阁奇、墙奇、匾奇、券奇，着实令人惊叹。

四百多年前，施工工具简陋，这么巨大的工程，这么独特的构想，于喜春一人承担，真是不可想象。

风动石匾

于喜春在修到清凉阁第二层后就停了工，他停下工来专门制作了一块奇特的石头匾。为什么说奇特呢？第一，是“风动匾”，即“大风不动小风动”，刮大风的时候这石匾不动也不响，可是，刮起小风来，石匾却不断地晃动，还发出咯当咯当的响声。第二，石匾上刻的不是文字而是图画，是一组名为“双童簇拥梅花鹿”的半圆雕画面。第三，这石匾虽名字叫匾，可是仔细看看它却不怎么像匾，正如县志资料上说的那样，这石匾更像一面桌裙。这三个奇特之处至今还是个谜。

↑ 清凉阁东侧大门门额风动石匾曾经的悬挂处

于喜春做好风动石匾后，有一天傍晚，他正往门洞上挂匾，碰巧他的侄儿于朝兴从张村赶集回来，就伸出扁担帮忙顶匾。不想，石匾一错位，咯当一声，于喜春的手指被轧伤了，鲜血直流，滴在了地上，他顺手一抹，抹在了墙上，至今清凉阁第二层东室墙上的血迹仍清晰可见。于喜春被轧伤手指，从此一病不起，不久便去世了。他一门心思要建九节杨花阁却没有如愿，抱憾千秋。于喜春走了，他把奇特的清凉阁和神秘的风动石匾留给了后人。

后人续建

于喜春欲盖九层杨花阁，却只盖了两层，他在杨花阁南边栽种的那棵杨树长到与楼阁齐高时便枯死了树尖，后来这棵杨树也随于喜春一起故去。后人便在此处种上了柳树，但不管是种上什么树，当树长到与楼阁齐高时都枯死了树尖，这又成为清凉阁一段神奇的故事。

于喜春血染青石，壮志未酬身先死。后人又在上面加盖了砖木结构的第三层。清凉阁的三层结构各异，引人入胜。顶层为玉皇庙，供玉皇大帝。东门悬有风动石匾，上有双童簇拥梅花鹿图案，“大风不动小风动”；西门高悬扇形鎏金匾，上书“清凉阁”三个大字。清凉阁成为于家人心中最神圣的殿堂。

为永远祭奠于喜春的丰功伟业，在于喜春去世后，其侄儿于朝兴在阁楼底部的中央拱券一万斤巨石上刻有碑文，以寄其志：

万历九年起根源，一人修筑其实难。
二十五年完下节，思量何日得周全。
阖村都说使木植，凭吾独力凿石山。
经营暂停观此境，等待功成万古传。

清白在人间，正气满乾坤。这是历史对于谦的定论，也是于谦人格光辉的体现。透过历史长河，滤过无尽尘烟，在风云激荡的时代中，英雄豪情与历史抉择永远在彼此成全，互相辉映。于谦的故事广为传颂，成为激励于家人前行的不竭精神动力。

↓ 散步的老人

第五章 于家精神代代传

↓ 建筑工匠

于谦和于家故事

↑ 明代著名政治家于谦画像

↑ 于氏家族祠堂正房及悬挂的老家谱

于谦

于谦（1398—1457），字廷益，号节庵，浙江杭州府钱塘县（今浙江省杭州市上城区）人。15岁中秀才，24岁中进士，历任湖广钦差、监察御史，江西巡按，河南、山西二省巡抚，兵部侍郎，后升任兵部尚书，封少保、太子太傅。明正统十四年（1449），瓦剌军首领也先率兵侵入大同。奸臣王振怂恿明英宗朱祁镇“亲征”，英宗兵败，在土木堡被俘。英宗之母孙太后与英宗之弟朱祁钰召集众臣商议，徐有贞等鼓动弃京南迁，于谦等厉斥南迁之谋，拥戴朱祁钰为景帝，坚守京城。于谦力主军务，指挥了有名的北京保卫战，击退了瓦剌也先军，拯救了大明江山。也先战败，无计可施，于景泰元年（1450）请和，送回英宗。景泰八年（1457），徐有贞、石亨等发动“夺门之变”，拥英宗复位，于谦被诬陷“谋逆”惨遭杀害，成为千古奇冤。成化初年，于谦沉冤昭雪，英灵方得瞑目。后被谥为“忠肃”。

于家村和南峪村渊源

于家村于氏宗祠正殿内有一通建祠碑，文曰：

“相传始祖有道公，旧居南峪村，家赤贫，难于存活，谋他徙今日之于家村……”万历二十八年（1600）墓残碑上也有于有道携妻贾氏与三弟于南道自南峪迁来于家村的记载。

于谦子孙自南峪迁至于家后繁衍生息、根深叶茂，这正是“祖德宗功千载泽，子承孙继万年春”。“于家石头村”之所以出名，是因为它同于谦有着密切的关系。

于有道子孙在太行深处创造了一方奇迹，造就了一个奇特的石头文化宝库，留下了一代英雄少保于谦的人文精神。于家村人丁兴旺、百业皆举，不愧为于谦后裔的繁衍盛地。于家村于氏家族何以是于谦的后裔，其证多矣，这也说明于家村与南峪村渊源深厚。

家谱 南峪村现在保存有完整的于氏家谱。古老的家谱见证家族沧桑。谱首便是“少保于谦”，下列二子三孙……长孙即是开辟斯土——于家村的于有道。此谱宽约一米，长约两米，为布制谱案（不是书谱），以毛笔书写，字迹清晰，现存于井陉县南峪村。南峪村位于冀晋交界处娘子关下绵河之畔，是于谦之子隐居、生息的地方。

墓地 南峪村建有规模宏大的于谦坟墓，占地五十余亩，依山傍水，松柏参天，墓地石人石马，巨碑古碣，气势威严。如此规模的墓地，在这山区是绝无仅有的。

南峪村于谦坟前有一块巨型墓碑，宽厚高大，碑上镌刻“少保于谦”等大字，书体雄健。1956年，修建石阳铁路复线，于谦墓地被征用，墓碑由16人抬出放在村边。后有人以“破四旧”为名将石碑“扫掉”，是被砸毁还是被深埋不得而知，曾经多方寻找没有下落，令人痛惜。南峪村80岁高龄的仇怀义老人说：“碑上

‘少保于谦’四个大字，我记得非常清楚，旁边还有从浙江迁来的字样。碑上的字写得非常好，我每次下地回来都要在碑前休息，看上面的字。”上述那16个抬碑人，对石碑也记忆犹新，他们都是于谦墓碑的见证人。

故居　南峪村有一座“少保宅院”，传说是于谦的老院，还是朝廷拨款所建，是这村很有名气的宅院。该院分两处并列，均为两门两院，且逐院升高。拾级而上，大门前面是明柱走廊，两侧有精美的青石浮雕装饰，院内正房宽敞明亮，古式门窗，庄严肃穆。对这个大院有两种传说：一说是于谦宅邸；一说是于氏后裔住所。不管哪个说法，都与于谦有关。如是于谦故居，说明其子当时来此隐居有门；如是于氏后裔住所，说明于谦后裔在此事业有成。总而言之，“少保宅院”是一个有力的物证。

遗嘱　于家村第三股（于有道之三子于渊）的家谱上留下这样一段遗嘱，“我到南峪村，去查上世灵，查到十几户，具是于谦宗，只知官职大，难晓上世宗”。这一遗嘱是嘱咐后人要牢记于家人的根本在南峪村，少保于谦是于氏家族的先祖。

口传　于家村的孩子们从小就从爷爷奶奶或父母口中知道这样的故事：于家人的老老（老祖）名叫于有道，是从南峪村迁来的；于有道的爷爷埋在南峪村，名叫于谦，是一个大官。这些口传家喻户晓，人人皆知。

祭祖　“回乡祭祖”是于家村的特有风俗。自古以来，于氏子孙就有回乡（到南峪村于谦坟上）祭祖的传统。过去，每到春节必定祭祖，年年如此。在清代，曾有12名秀才顶戴花翎，锣鼓喧天，回乡祭祖的记载。1949年后一度冷落，近年来又有回升。

于家村与江浙渊源

建筑 小型二层楼阁是江浙建筑风格，于家村曾有二十多座；玉带房脊和白墙黑瓦建筑也是江浙建筑风格，于家村有的古建筑就是这样。现在该村尚有二层楼阁和玉带式歌楼多处，仍完整地保留着。“歌楼”这一名称也来自南方。于谦原籍是浙江，于氏子孙传有江浙建筑习俗，顺理成章。

语言 七七事变前后，于家村的语言发音和现在有很大差别。比如，“国策支持诗作者和科学人才”这几个字，那时候的发音大体上接近于这样：“归彩兹次私造载伙扩校仍才”，可见，许多发音有着江浙方言的特征，这无疑是祖辈流传下来的缘故。就现在来说，由于受普通话的影响，年青的一代发音较以前大有改变，但是原有的语言烙印仍然清晰可见。

于、康两姓

于家村自古以来就只有“于”“康”两家，并且都知道康家是于家的干兄弟。传说当年康姓人家讨饭到于家村，得到于家人的收留，遂结成干亲，祖祖辈辈一起生存，世世代代亲如一家。

于南道

2001年，于家村专门派人到河南浚县于村访问了于南道的后代。他们有祖辈口传，又有碑文记载，均说明其先祖是于谦。于家村几百年来关于于有道的三弟于南道迁往河南浚县的这一口传，得到了证实。

两袖清风树正气

袖礼

于谦自青年时代就抱定以天下为己任的宏愿。他为官清廉，特别注重做人与为官的节操，认定“名节重泰山，利欲轻鸿毛”，一生不改谦虚简朴的本色，人们赞扬他：铮铮铁骨，一身正气；重节轻利，两袖清风。明英宗朱祁镇即位时，太监王振把持朝政，勾结内外贪官污吏，擅作威福。那时，外地官员进京，必须馈送重金厚礼，不然，轻则办事困难，障碍重重；重则降职免官，甚至下狱遭殃。对此，于谦从不趋炎附势，从不随波逐流。他在外地做官，每次进京，从不带任何行贿之物，只带随身行装。一次，一位好心的朋友劝他说：“你不带金银入京，带点手帕、蘑菇之类的土特产

↓ 余晖洒在柏树上

品送一送也不妨嘛。”于谦举起袖子，笑着说：“谁说我没有带东西呀？你看，我这不是有两袖清风嘛！”为此，他还作了一首《入京》的诗：“绢帕蘑菇与线香，本资民用反为殃。清风两袖朝天去，免得闾阎话短长。”

拒封

明正统十四年（1449），土木堡之战明军大败，英宗被俘。为保卫北京，挽救明朝危亡，于谦功劳卓著，贡献无比，声望大增，被誉为“救时宰相”。但于谦从来口不言功，行不倨傲。一些功不及于谦的人得到的封赏却重于于谦，心中过意不去，于是，上书皇上，建议给于谦儿子加官升级，以示奖功赏绩。一天，景帝召见于谦说：“众臣为你请功，你以为如何？”于谦恳切地说：“国家多事，做臣子的不应考虑自己的私利，请皇上不必多虑！”于谦一心为国，一生清廉，虽身居高位，却向来不置家产，连自家所住房屋也极为普通，常被人们认为是普通百姓之家。

拒礼

于谦深得老百姓的爱戴，被尊称为“于青天”。

有一年，于谦寿辰那天，送礼的人络绎不绝。于谦叮嘱管家，一概不收寿礼。皇上因为于谦忠心报国，派太监送了一只玉猫金座钟。管家把送礼的太监拒之门外，太监有点不高兴了，就写了四句话：“劳苦功高德望重，日夜辛劳劲不松。今日皇上把礼送，拒礼门外情不通。”于谦见了，添了四句：“为国办事心应忠，做官最怕常贪功。辛劳本是分内事，拒礼为开廉洁风。”太监无话可说，回去向皇上复命去了。

和于谦一起做官的同乡好友郑通也来送礼了，于谦又写了四句话：“你我为官皆刚正，两袖清风为黎民。寿日清茶促膝叙，胜于厚礼染俗尘。”郑通见了十分敬佩，叫家人带回礼物，自己进门与于谦叙谈友情。这时管家进来通报，一个叫“黎民”的送来了一盆万年青，并带来一首诗：“万年青草情义长，常驻山涧心相关。百姓常盼草常青，永为黎民除贪官。”于谦听后，亲自出门接过那盆万年青，高声咏唱了一首诗：“一盆万年情义深，肝胆相照万民情。于某留作万年镜，为官当学万年青。”

清白在人间

也先挟持了明英宗一年，看也捞不到什么油水，便请和送回英宗。此时，明代宗朱祁钰已改年号为“景泰”。明英宗回朝后，以太上皇的身份准备养老。

朱祁钰自知要依靠于谦这样的能臣，“所论奏无不从者”，“用一人，必密访谦”。有人弹劾于谦贪功、专政，朱祁钰仍力排众议，继续对于谦委以重任。

由于于谦清正廉洁，正气凛然，刚正不阿，因而得罪了不少人，主要有左都御史徐有贞、武清侯石亨、宦官曹吉祥等人。

景泰八年（1457）正月，朱祁钰病重，徐有贞、石亨、曹吉祥等人密谋发动了“夺门之变”，拥明英宗复位。

明英宗刚复位，就下旨把于谦等一班明代宗重用的朝臣抓捕入狱。

徐有贞、石亨等人贪婪成性，卖官鬻爵，和于谦素有嫌隙，此时乘机给于谦罗织罪名，说他图谋不轨，鼓动明代宗更换了原来的英宗太子，说他预谋迎立明英宗最忌讳的襄王子为储君，总之，都是谋逆的大罪，建议明英宗对于谦处以死刑。

明英宗自知“于谦实有功”于社稷，不忍心对于谦处以死刑，徐有贞挥臂上前叫道：“不杀于谦，此举为无名。”

明英宗这才狠下心来，做了他复位后的第一件事：将于谦斩立决，抄其家，家人戍边。

景泰八年（1457）正月二十三日，于谦被押往崇文门外，就在这座他曾拼死保卫的城池前，得到了他人生最后的结局——斩决。

临刑的这一天，愁云惨雾布满了天空，路边的百姓无不泪流满面。《明史·于谦传》载：“阴霾四合，天下冤之。”

明英宗派锦衣卫前往于谦的家中抄家，他以为作为明代宗最为倚重的大臣，于谦家中应该很富有，哪知，于谦“家无余资，萧然仅书籍耳”。

原来，于谦生活节俭，居住的房舍也只是能遮风挡雨。明代宗曾经要赐给他府邸，但于谦不接受，说：“国家多难，臣子何敢自安！”

抄家的官员看于谦房屋简陋，只在正屋里有一只箱子锁得严严实实，以为于谦将金银珠宝藏在了这里，急忙打开，一看，里面却是明代宗赏赐的蟒袍、剑器等物，都还整整齐齐地原封未动。看到这里，奉旨抄家的官员也不禁失声痛哭起来，于谦真乃“一片清白在人间”，是铮铮铁骨的大忠臣啊！

后世评价重清廉

“两袖清风”是于谦的代名词，于谦不仅在生活中主张清廉，而且在政治舞台上依然秉持清廉的作风。于谦为官期间，敢于为民请命。只要有作奸犯科者，于谦绝对会毫不留情地惩处打压。当时朝廷贪污的官员比比皆是，于谦的清廉精神如同一股清流给腐败的朝廷带来生机。

于谦在军事领域颇有建树。到了明朝后期，朝廷出现了冗官、冗军等现象，于谦看到这一情况之后，主张“兵贵在精，将贵谋勇”，除此之外，于谦还号召士兵们在遇到紧急情况时，要懂得随机应变。为了将明朝军队培养成为一支精锐军队，于谦创立了团营之制。于谦所创立的团营之制具有积极意义，对后来明朝兵制产生了很大的影响。

↑ 木匣式祖宗牌位

于谦在文学领域也有不俗的建树。众所周知，《石灰吟》是于谦的代表诗作，表达了于谦不避千难万险，勇于牺牲自我，以保持忠诚清白品质的精神。于谦诗作的风格内容在一定程度上与政治相得益彰，这影响了后人的诗歌创作。此外，于谦的成就还表现在他在思想方面的建树：“重名节，轻名利；重成仁，轻杀身；重社稷，轻君王。”

忠诚厚道于家人

于有道（生卒年不详）

于有道祖籍浙江钱塘，生于井陉县南峪村。他生长在一个贫困交加的家庭，从小心中刻上了“克振家声，无敢游惰”的烙印。家里虽穷，但他知书达理，四书五经读了不少。不足二十岁便主持全家事务，后“因家贫，难以存活”，让二弟继承家业，带领三弟奔荒山以果腹谋存。于有道带领家人开辟斯土，为建村付出巨大努力和心血。

奕世载德，不忝前人。于有道深知责任重大，稍有不慎就可能造成灭族之灾，因此制定家规：“男夫伫天地之方，勿忘钱塘江，祖虽远不可不祭，不争乃存世之道，耕读乃传家之本。”他起五更组织子孙学文习武，不敢有丝毫懈怠。初来时无立锥地，日夜与木石居，与鹿豕游。于有道精心选择防洪防涝、靠梁向阳，避害减灾之地，搭草棚，掏土窑；带领全家将驻地周围山冈修平以作耕种，培建筑用树木，植桃果在山隈，掘坎井于沟畔。经三十来年的经营，有土地百余亩，房屋数十间，村周围果木、树林成片。刚来时，豺狼虎豹经常出没，肆意伤害族人，每次都是他第一个想办法，带领大家有组织地驱赶、捕猎。于有道还能从容地处理生活矛盾，镇定地化解突发危机。在给驿站养马时，家族人员与其他人发生纠纷并惊动官府，这一度使家族处于难以生存的境地。于有道一方面在家族内部协调认错，一方面在官府领罚受打，使家族避免了一场横祸的发生。于有道不仅是建村的始祖、立业的先驱，他还善于治家之法，精于建村之道，为于氏家族奠定繁衍生息之地。于有道继承祖父于谦的美德，诚实和善、虚怀若谷，他赠地给康家，并与之和谐相处，被传为佳话。于有道开创于家五百多年之基业，谱写于氏家族世代之辉煌，功德无量。

于强（1513—1573）

于有道玄孙，大股，是明嘉靖年间家族的家族长。他治家有方，继承祖上三代基业，组织盖房券窑、修地造田、打井挖池，家族生活安定。他同二股兄弟于怀（家族长）立家规、订民约，所制定的《柳池禁约》是四百多年前国内外罕见的地方用水法规，对旱庄解决用水问题有举足轻重的作用。他对于氏家族的发展起着承上启下的作用。

于怀（1516—1581）

于有道玄孙，二股，与于强同为家族长，共同管理家族事务，对家族建村兴业、立制定规有重大贡献。因组织大家打井挖池，于家村不惧旱年缺水，历史上从未闹过水荒。

于喜春（1535—1597）

于有道第五世孙，五股，从小随祖父、家人在山西繁峙县金矿做工，学会了坑道支护及原理。因社会黑暗，矿工暴动，一家人逃出矿山回到老家。他精通建筑，有高超的石匠技艺，曾在山西旧关组织建桥，修过娘子关关城；明嘉靖四十五年（1566），组织修建真武庙，万历九年（1581）独立一人用巨石修建清凉阁，16

年间建成第一层和第二层，挂风动匾时，因轧伤手指而去世。清凉阁是于家村的标志性建筑，虽经四百多年，仍巍然屹立。清凉阁设计之巧妙，技艺之精湛，用料之原始，垒砌之坚固，令今人叹为观止。于喜春是于家村几百年来的传奇人物。

于春小（1827—1886）

于有道第十四世孙，四股，字顺德，出身武术世家，他武功高强，会飞檐走壁术，十八般兵器几乎样样精通，对四股的社火（在井陉，社火与武术的概念基本相同，民间耍武术的人都是社火班的）发展有很大贡献；对保卫于家村的安全起着重要作用。他一生最值得称道的是给人当保镖时，路过山西明桥梁，被十几个响马拦劫，他独战群匪，打败响马，保住镖车。此举很快被编成晋剧《于春小大战明桥梁》演出，传为美谈。

于素修（1816—1886）

于有道第十七世孙，二股，在道光年间考取庠生。同治三年（1864），于家村五甲提出禁赌，他撰文的《整敕村规》碑，行文简练，文字犀利，把赌博称为“里中之害”，把窝留赌徒斥为“匪事”，该村规至今仍有现实意义。为让人们识字读书，他在年迈时自编通俗易懂的《四言杂志》，新中国成立前不少人都能熟读。

于大荣（生卒年不详）

于有道第十六世孙，大股，书得一手好字，文采极好，在光绪三十一年（1905）编写的《七言杂志》合辙押韵，通俗易懂，好认好记，朗朗上口，把当地生活习俗、生产用品、礼仪称谓描述得生动有趣，这对当时村里人学文化有很大促进作用。

于镇河（1898—1985）

山西浑源县贾庄人（由于家村迁居此地，是于氏家族三股后人），先后担任阎锡山部队的排长、连长、团长、旅长、师长等职。抗日战争全面爆发后，任新编独立第四旅旅长，暂编第一师师长，第三十三军军长，第七军团副总司令、第十九军军长，后任第十五兵团副总司令，兼任大同军事指挥官，被授予中将军衔。1949年5月1日，他率部接受解放军改编，大同和平解放，他立下了大功。新中国成立后，任山西省人民政府参事。1985年10月在太原病逝。

于步芳（生卒年不详）

于有道第十八世孙，二股。据光绪元年《续修井陉县志》载："于步芳禀生，才气敏捷，笔力沉雄，浩瀚汪洋，文思如风起水涌，师友多器重之，弱冠，游府庠，旋考优等。惜年不永，而卒。"

于五份（1878—1950）

字富春，于有道第十六世孙，四股。社火会的武艺高手，精通少林拳、硬气功和多种兵器，耍刀水泼不进，百十斤重的大刀能耍背花刀。他腿上经常绑着两块铁瓦练功，行走如飞，能和驿马赛跑。他负责于家及附近村庄的庄稼看护，看山时他就住在山上，年年平安无事。有一伙歹徒为钱财要绑架他，他一怒便把石碾子芯拔了下来，又一脚把石碾子踢出去老远，吓得这伙歹人抱头鼠窜。

于家俊（1924—2003）

于有道第十八世孙，四股，1947年参加中国人民解放军，中共党员。曾随刘邓大军南下，从文书任到团政委。转业后任四川省富顺县委书记，地区公安局长等职。1990年离休。

于文海（1927—2004）

于有道第二十世孙，二股。1947年参加中国人民解放军，中共党员。参加“抗美援朝”入朝参战三年，获得勋章。1958年转业到河北黄骅县。1962年申请带全家回乡。

于秀书（1952—2012）

字玉怀，于有道第十九世孙，大股。中共党员。1995年辞去在县石渣厂的工作，回村任村主要领导16年。他常说：“只要是为了于家的发展，咱就使劲干。”他坚持不在于家山上开石场，不上污染项目；带头捐资盖起二层的于家中心小学；恢复于家南场集贸市场；重修于氏宗祠，推动本族本村传统文化发展。

红色印记永不忘

于家村北寨垴山有个炮台，抗日战争时期老百姓称其为“北山炮台”，常年为敌人占据。八路军要攻下此炮台，与村民兵商量后，决定使用“土坦克”的方法，即有人扛着桌子，桌子上蒙着棉被，棉被上泼水，再蒙一层土，土上再盖棉被，再泼水，水上再盖土……这样操作一番后，可以降低敌人子弹的威力。就是用这种“土坦克”，八路军一夜之间就拔掉了这个敌寇盘踞数年，并依靠其为非作歹的炮台。

村里建有烈士纪念馆，纪念在抗日战争时期、解放战争时期、“抗美援朝”中牺牲的烈士，记录了烈士英名与功勋。

于建福，1916年9月生，1938年参军，1948年牺牲。11军31师96团1连连长。族系第十九世，二股。村中最早一批参加革命队伍，随刘邓大军屡建奇功，在五架山战役中英勇牺牲，英年32岁。

于三槐，1916年生，1947年11月参军，1953年7月在朝鲜牺牲。569团1营3连班长。族系第十九世，大股。英年37岁。

于荣福，1916年生，1938年参军，1941年在平山洪子店战役中牺牲。二军团战士。族系第十八世，五股，村中最早一批参加革命队伍。英年25岁。

于二堂，谱名顺堂。1913年生，1942年参军，1943年在井陉县城南黄沟牺牲。上坪独立营战士。族系第十七世，五股。英年30岁。

于风来，1913年生，1947年参军，1948年南下战斗中牺牲。五军政治部战士。族系第十八世，四股。英年35岁。

于栓小，1914年生，1947年参军，1948年4月在安徽阜阳牺牲。4纵12旅34团战士。族系第二十一世，二股。英年34岁。

于彦科，1917年生，1947年参军，1948年在大别山牺牲，二野二连战士。族系第十六世，四股。英年31岁。

于兵科，1915年生，1948年参军，1948年南下战斗中牺牲，67军5连战士。族系第十六世，四股。英年33岁。

于红尖，1914年生，1947年参军，1951年4月在朝鲜牺牲。63军189师567团战士。族系第二十世，二股。英年37岁。

于保文，1913年生，1948年参军，1949年在甘肃皋兰县牺牲。63军187师565团战士。族系第二十一世，二股。英年36岁。

于昌会，1938年参军，1941年在平山洪子店战役中牺牲。族系第十八世，二股，是村中最早一批参加革命队伍者。

于保文，1948年参军，1949年在皋兰县马家村战斗中牺牲。族系第二十一世，二股。

康来喜，1948年参军，1948年年底在南下战斗中牺牲。

↑ 1954年竖立的烈士纪念碑

↑ 南山烈士纪念碑亭

↑ 南山烈士纪念碑亭被树林环抱

中国民间文化遗产抢救工程

THE PROJECT TO CHINESE FOLK CULTURAL HERITAGES

于家村，一个处于太行山深处的小村落，山清水秀，质朴天然，以其特有的精神气质对这方山水土地进行了文化培育，使之充满灵性、充满生机。就如同这干礤石的技艺，将不规整的天然石材垒砌起来，不用泥，看似不整齐、不经心，却大象无形，古朴厚重，紧密坚固，浑然一体。于家村人在数百年的开拓创新、文化积淀中，形成了自身既融于中华文化又独特的民俗风情，绚丽多姿，令人回味无穷。

↓ 辘轳弯口民居

第六章 精美石头会唱歌

石头建筑底蕴深

从于家建村到现在的五百余年，石头是于家村生产和生活的重要资源，也形成自己独特的石头文化。历代村民依靠自己的勤劳和智慧，留下了丰富多样的石头建筑和石头器物。如石头拱券的窑洞，无梁无柱，墙宽顶厚，冬暖夏凉，可谓民居中的精品。村里的道路，东西称街，南北为巷，而且全部用石头铺砌。于家村的标志性建筑清凉阁就是石头建筑的典型代表。这一建筑令人称奇：它不打地基，建在一个斜坡上；不用灰泥，干礤石垒砌；横不成线，竖不压缝，随心所欲，实在少见；有的石头重达万斤以上，长有数米。整个建筑所用石材看似零乱，实则规矩整齐，鬼斧神工，堪称一绝。虽经四百多年风吹日晒，仍巍然屹立在村东口。

↑ 干礤石建筑一角

相对于物质文化遗产，这种石头建筑技艺的非物质文化遗产尤为重要，这是石头村历史文化传承的根基。改革开放以前，全村家家户户几乎都有石匠，有的还不止一人，石匠技艺代代相传。现在，于家村的石匠仍有很多，技艺精湛者数十人，但大多在50岁以上，年轻人较少。

2012年，于家石头建筑技艺被列入河北省非物质文化遗产名录。

柳池禁约彰祖规

于家村，三多三少，即石多、景多、古迹多，水少、钱少、粮食少。“三多”之中石为首，“三少”之中水为最。历史上，于家村原是无河无泉的旱庄，祖祖辈辈吃水全靠天赐，是井陉县有名的旱庄之一。然而它又和别的旱庄不同，这里从来没有缺过水吃。人们不禁会问其中的缘故。不过，一旦发现于家村点点如星的蓄水井、窖、池等蓄水设施后，这一谜题就自然破解了。有了这么多的蓄水设施，于家村的人畜饮水问题就有了保障。现在，全村共有新旧水井七百多眼，水窖近三百口，水池18个。

↑ 家家户户院里都有一口蓄水井

于家村在建村之初，先祖们对蓄水、用水就非常重视，于、康两家各有安排。于有道生有五子，五个儿子各立门户，后来自然而然地分成五股，于家在南山脚下挖了五个水池，取名“正月池”“二月池”“三月池”“四月池”“五月池”；康家在东山脚下挖了一个水池，取名“康家池”。由于水珍贵，村里对水管理十分严格，如清乾隆三十九年（1774）所立的柳池禁约碑就规定，对孤、寡老人照顾，对偷水、浪费者处罚。后来随着人口不断增加，各户开始自找地方打井、修水池和水窖，有的在沟边，有的在路旁，有的在地头，有的在山上，有的置院内，有的盖井房……井、窖、池全部用石头砌筑。年复一年，越来越多，全村上下家家有井，户户有窖，处处有池，犹如繁星般点缀在于家村，形成了一个罕见的井、窖、池网络。

这里所说的“井”，就是蓄水井，也就是旱井。都说“平山不平，井陉无井”，井陉不是无井，但大多是一些旱井，用来储存雨水。于家村也一样，不仅家家户户有蓄水井，而且公共场所都有井，护村河里边还留着103眼井。下雨的时候，雨水灌满家里的井以后，流到护村河，把那里的井也灌满。遇到天旱水荒，家里边的水用完了，人们就到护村河的井里挑水吃，这时的旱井就成了救命井。

于家村人以滴滴汗水创造了似点点繁星的井、窖、池蓄水设施，使这一无河无泉的旱庄从不缺水，成为这个石头文化村的一大奇观。20世纪60年代“农业学大寨”以来，修了一条盘山引水渠，渠水可定时灌田浇地，也可弥补雨水不足。1998年大旱，于家村却因蓄水量大和渠水补给，竟夺得了有史以来的特大丰收。1999年夏初，因长期干旱，井陉县许多旱庄吃水告急，于家村却仍有足够的水供人吃马饮，部分土地得以浇灌，旱庄不旱，为旱作农业区树立了榜样。

现在的于家村，不是只有井、窖、池，而是更上一层楼，在村东打出了一口深达300米的泉水机井，在村南挖通了引水五里洞，引来了张河湾水库的水，修成了西跃渠。各家各户院内的新式水窖可以定时注水，常年饮用，那些多如繁星的旧式井、窖、池已大多“退役”，成了历史文物供人观赏。

↑ 柳池禁约碑刻

天路精神赓续传

井陉是首个“中国传统村落保护区”设立县，于家乡是保护区主要组成乡，于家村是保护区中的主要传统村落之一。这一传统村落保护区旅游线路被誉为“井陉太行天路”，东、西两线全长60.4公里，是井陉县在转型升级、“7·19”洪灾恢复重建等重重压力下，发扬一脉相承的绵右渠精神、张河湾精神和两次抗洪救灾精神，自力更生、艰苦奋斗，党建引领、发动群众，采用“乡村为主、县级奖补”模式，在崇山峻岭间修建而成的。“天路”串联盘活26个古村落，沿线布局6个精品旅游驿站，初步建成“山地多彩自驾游综合体验基地”，是一条直通省会的生态旅游之路、千年文

↓ 大山环抱的村庄

化展示之路、农民脱贫致富之路，带动了“千家农场、百家景区、万家民宿”的全域旅游发展，铸就了以“心系群众、服务人民，自力更生、艰苦奋斗，改革创新、干事创业，苦干实干、无私奉献”为核心的“天路精神”，被石家庄市作为“不忘初心、牢记使命”主题教育的生动教材，成为井陉县创建国家级“绿水青山就是金山银山实践创新基地”的特色品牌。“天路”修建过程中，于家石头村承担路段最长、任务最重，广大党员干部群众自力更生、不等不靠，有钱出钱、有力出力，作出了巨大的牺牲和努力，确保了“天路”如期通车。井陉太行“天路”通车，吸引了更多的游客纷至沓来，老百姓的日子一天更比一天好，真正实现了生态效益与经济效益的双赢，打通了群众“呵护绿水青山，铸就金山银山”脱贫致富的康庄大道。

↓ 天路上的骑行者

民间文艺多奇秀

庙会

庙会文化是中国民间传统文化的重要内容，千百年来，庙会成为反映当地社会生活和民俗文化的重要载体。于家石头村庙会很多，每年不同规模的庙会有二十来个，其中规模较大的就有八个。过去的庙会隆重、热闹，不仅有社火表演、物资交流，人们还要上香祈愿、走亲访友等，有时还要请一台戏来唱几天。庙会期间还要舍一顿午饭给赶庙会的人，旧时也叫济贫。

观音庙庙会　观音庙庙会每年有三次，庙会正日分别是观音菩萨的生日农历二月十九、出道日六月十九、修仙日九月十九。每次会期都是三天，地点在村内观音阁及观音阁戏楼。每逢庙会时，本村及邻村香客络绎不绝，祈愿观音菩萨保全家平安。庙会上有打扇鼓、唱大戏等诸多演出，会场周边有本地小吃售卖，甚是热闹。

真武庙庙会　真武庙庙会每年有两次，一是三月三庙会，二是五月十九庙会。三月三是真武大帝的生辰，也是井陉苍岩山庙会的正日，所以真武庙正殿的旁边又供奉了“三皇姑”，即传说中苍岩山的“三奶奶”。真武庙庙会与井陉国家级文保单位苍岩山庙会同源，反映出苍岩山庙会的宏大影响力，也反映出于家人广泛的民间信仰。

白庙庙会　每年农历四月十五在白庙举行庙会，会期三天。这是一个较大的庙会，附近村庄的人们都会参加，甚至有人从很远的地方赶来。每逢庙会，人们从四面八方上山，汇聚在于家村北最高的山顶白庙，依次进香，手执彩旗或是自带节目在庙前的戏台上演出，非常热闹。

青山洞庙会　每年农历六月十三在村南的青山洞举行庙会。正洞供奉岳飞。于家村青山洞有“明供岳飞，暗供于谦”之说，农历六月十三正好是于谦的生日。后人以此特殊的方式纪念先祖于谦，也以此怀念于谦的老家钱塘西湖。青山洞庙会虽然地处偏僻，但在当地也是较大的庙会，除了于家村本族和周边邻村外，还有南山阳面另一道沟甘桃沟的支沙口、吕家等村的人们也来过会。

正月十六庙会　每年正月十六以清凉阁为中心举行庙会。庙会由会首主持，一是给送子观音（清凉阁二楼正面）上香，二是举行盛大的巡街表演，三是分别在清凉阁戏楼和南坪场举行文会和武会。这是一年中最大的庙会，除了本村及三乡五里参加，整个县城也会前来过会。劳作了一年的人们，在正月里完成拜年走亲等一系列春节仪式

↓ 庙会上的人们

后，走上街头载歌载舞，充满喜悦。这时候，每个人既是演员也是观众，这是村民自己的节日，也可以理解为中国式的狂欢节。传统的节目主要有井陉拉花、社火、晋剧、高跷、抬皇纲，晚上还有耍龙灯、转黄河、渔家乐等特色活动，美不胜收，异彩纷呈。

值得一提的是，正月十六的晚上南坪场演出活动结束后，在于家村的南山坡还会上演美轮美奂的灯山会，各家各户端着事先备好的灯碗上山，在会首的指挥下布阵，一会儿组成一朵花，一会儿组成一个字，不同的图案都寓意着祥瑞，象征着一年的风调雨顺、幸福平安。

晋剧

晋剧又称山西梆子，是于家人最喜爱的剧种，不少人能哼唱。

↓ 晋剧剧照

晋剧落户于家的历史较早，这从建戏台之早（明万历年间）和戏台之多（六座）可见一斑。最早由大股的人学了晋剧小戏，购置了戏箱，逢年过节时演出。后来二股的年轻人通过到外面看戏，也学了一些折子戏进行演出。清朝末年，于金桂等十几人按股份在全村建起了剧团，购置了完整的戏箱。20世纪20—60年代，是晋剧在于家石头村发展的高峰期，演艺水平很高，剧目达几十出，连唱半个月不演重样戏。现在晋剧团的基本演出阵容还在，还能组织演出折子戏。

↑ 练功

拉花

拉花为井陉独具特色的传统花会节目。于家的拉花在清代就存在，后失传，2006年在井陉县文化馆的帮助下又逐渐恢复。“扭”是拉花演员腰和肩别具一格的动作，因此当地人又称其为扭拉花。扭拉花的演员需要较高的艺术造诣，连扭带唱，脸上还要有丰富的表情。扭拉花的演员一般为24人，男女各半，男演员肩扛彩伞，女演员一手拿

↑ 拉花表演

↑ 拉花表演

彩扇，一手拿彩绸，道具在手中上下翻飞，有“井陉拉花遍地扭，扭到世界五大洲”的溢美之词，是民间舞蹈中的一朵奇葩。

社火

社火是当地对武术的一种称谓。于家村的武术除了拳械术外，还有带故事情节和人物的集体武术表演，演员按人物画脸、穿戴近似戏剧的服装，属花会的一种。明末清初，因战乱不断，响马肆虐，全村决定住在村北青云寨下的四股负责护村，四股的人便开始练武。到了康熙年间，天下安定，四股除了继续练功健身外，陆续学了能表演的

↓ 社火表演

多人对打武术，当地人叫“回”，共学了七个“回”，还学了一个“金锁连环阵”（数十人按阵式持械转跑），加上原来学的几十路拳械术，形成后来的社火。社火属中三路（上三路攻防上身，下三路攻防下身，中三路全身攻防），现在还基本保留着，节日期间仍在表演。

↑ 社火表演

↑ 社火表演

高跷

高跷是人们喜爱的花会活动之一。传说因胡人造反，朝廷派高将军出征平叛，因护城河阻挡，攻城不下，高将军叫兵士腿上绑柳木棒练走路。兵士们练成后便乘敌不备，在夜晚蹚过护城河攻下城池。次日天亮，兵士们踩着柳木棒进城庆贺。以后人们遇庆典、节日也都效仿，因为是高将军发明，便称这项活动为高跷。于家村的高跷源于清初，是节日和庙会不可或缺的活动，当时踩高跷的人水平很高，每年四月十五白庙庙会，他们踩着高跷穿过羊肠小道上山赶会，踩高跷的人数不限，最多时曾达到四十人，有乐队伴奏，有人物表演，丑

↑ 踩高跷

↑ 渔家乐表演

↑ 耍龙灯

↑ 耍龙灯

婆、丑汉、丫鬟、小姐、公子、书童应有尽有，连踩带唱十分有趣。

渔家乐

渔家乐是于家大股的一种花会节目，后来发展到在全村挑选演员。渔家乐演的是渔家儿女满载鱼虾归来时的情景，演员均为十几岁的小男孩，表演时天真烂漫，童趣十足。现在七十多岁的老人，有的曾经饰演过角色，还能哼唱当年的曲调。渔家乐和拉花是姊妹艺术，曲调相同，动作相似。两种花会的区别只是手拿的道具不同，渔家乐演员肩背鱼、虾、龟等造型道具，肩挑莲花、芍药、牡丹等，手拿彩巾，边唱边演。

耍龙灯

把舞龙灯叫耍龙灯是当地人的叫法。在多项花会活动中，耍龙灯是最晚落户于家村的。由二股爱好花会活动的人，组织起几十人学耍龙灯，又名“二龙戏蛛”，表演的是两条龙和蜘蛛精斗耍的故事。龙身长十八米，内装十五盏灯，故名龙灯，由八人用木杆将龙灯举过头顶，另一人手拿蜘蛛扮演蜘蛛精，和两条龙戏耍争斗。场上，两条龙上下翻飞，左右摆动，兼有鼓乐伴奏助威。耍龙灯的一个“耍”字，把舞龙场面描绘得活灵活现。

↑ 耍龙灯

转黄河

转黄河又称九曲黄河阵，是当地元宵节举行的一项盛大民俗活动。于家村的转黄河最初是九个阵，后来增加到十二个阵，因转黄河的人越来越多，又增加到十六个阵。九曲黄河阵用三百六十一根一米高的木棍排成横竖各十九根的方形，再用高粱秆隔成九曲之

↓ 龙灯转黄河

形，上悬油灯。场中央竖起一根高大老杆，杆顶上悬挂八卦旗和彩灯，人们转到此都要摸一摸老杆，叫摸福。出入黄河阵的门，搭成高高的牌楼，八杆红旗悬挂四周。转黄河从正月十三开始，至正月十六达到高潮，正月十七停转，正月十八转完便结束。正月十六是转黄河的高峰，所有花会在白天转村，晚上转黄河后演出。入夜，转黄河场上，彩灯闪烁，鞭炮连天，锣鼓开道，各种花会按顺序进入，全村人几乎都去转黄河，外村人也赶来助兴。整个黄河阵，人山灯海，鼓乐喧天，元宵节的活动达到高峰。

秋千

于家村的秋千很有特色：第一，当地人称秋千为游千；第二，全村共有五个秋千，数量之多是一般村没有的；第三，于家村除了有绳子秋千外，还有一架全部用木头制作的秋千，可一人游，也可两人对游，因它可越过大梁，做360度的圆周运动，故名过梁游千；第四，正月十六荡秋千的全部是妇女和孩子，男人不得近前，这一天像是妇女的节日，在旧社会，穿着五颜六色的妇女能单独离开家门去荡秋千，实在是一件幸事。

↑ 游千

传统节日特色多

过大年

过年时除了传统的仪式，于家村最有特色的就是大年初一所有的家户都要去于氏宗祠祭拜祖先。这种宏大的仪式，更能让后人继承先贤，慎终追远。除了祭祖外，各家各户还要轮流值班，来负责于氏宗祠的诸多事务。

二月二

二月二最重要的就是理发，当地人叫作“剃龙头儿”。正月是不能理发的，过一个正月头发长长了，二月二这一天都要“剃龙头儿”，精精神神地开始新的一年的劳作。另外还有一项就是“啃龙头儿”，这个“龙头儿”其实是正月里用的供品，一般都是腊月里用白面提前做好的，也叫“面供”或者“面花”，这些面供过完年就会收起来，二月二就可以拿出来吃。“龙头儿”即使变硬了，对于村里的孩子们来说，也是好吃的，因为地处大山的村庄过去能吃到白面太难得了。

清明节

于家村人在清明节当天去上坟祭祖，等全家人聚齐了才能烧纸。当地人认为“纸不可烧二回”，实际上是因这个仪式而让全家人更加和睦团结。现在逐步取消烧纸的祭祖方式，改为植绿插花，或是挂上五色纸花。这个时节万物复苏，到处生机勃勃，一家大小上山祭祖，其实也正是踏青沐春。

端午节

端午节时村里人会包粽子吃。粽叶是附近绵河的苇叶，粽米是当地的黄米（黍米），因此人们也叫这里的粽子为黄米粽。有时候粽子里也会加进去红枣和豇豆，糯软香甜，老少皆宜。

↑ 担着月饼回家

中秋节

中秋节时，于家村人用月饼、丰收的瓜果、各种美食等祭拜月亮。拜月完成后，家人方可享用这些祭品。人们享用美味的同时依然会仰望月空，也自然会想着“八月十五云遮月，正月十五雪打灯”，希望有一个好的年景，风调雨顺，五谷丰登。

↓ 月饼

粗粮细作是佳肴

↑ 包皮面

包皮面

将白面粉放入盆内加水和成面团，揉匀揉光；山药面（红薯面）另放一盆，同样揉匀揉光，软硬程度要与白面团相适宜；将白面团上案揉匀按扁，包入山药面团，再按扁，用擀面杖擀好，切成面条即可。这种面条上下为白色，中间为褐色，称为包皮面，又称“夹心面条”。面条做成夹心的，其实是贫困年代人们充分利用当地的红薯资源，度灾荒年的产物。如今包皮面作为本地特色，颇受人们追捧。

↑ 手搬小磨

煎饼

摊煎饼的传统做法是把小麦、玉米、小米、黄豆、绿豆等放到水桶里泡12个小时，夏天用凉水泡，冬天用温水泡。第二天用石磨将之磨成细腻的、稀稠度适中的面糊，再加入花椒、精盐等调味。接下来用石头支好煎饼鏊子，点火烧柴。摊煎饼烧的柴火是有讲究的，

↑ 摊煎饼

不用木头那种硬柴火，要用麦秸、蒿草等软柴火，小火慢烧。等鏊子烧热后，把面糊倒上去一勺，然后用刮子刮平。刮子可以用高粱秆做，也可以是木头的。用刮子要快速地把面糊刮好，既薄又圆，这是技术活儿。一把柴火摊一个煎饼，趁热趁软折叠好，一张煎饼就做好了，五谷杂粮味道纯正，粗粮细作口感极佳。

↑ 做抿须儿

抿须儿

抿须儿是于家村地方特色小吃，流行于井陉县全域，有一千年以上的历史。抿须儿，又名疙豆儿，是用白面和豆面为原料做的面食。把红豆、绿豆、豇豆等先磨成豆面，加适当白面，用温水和成面团，要比包饺子的面硬一些，然后放在专用的抿须儿工具上去抿。抿须儿工具包括抿须儿床和抿须儿锄，用抿须儿锄将面摩擦挤压，像蝌蚪一样的面条就从抿须儿床的眼下面露出来，因此当地人也把抿须儿叫抿蝌蚪。这小“蝌蚪”的长短粗细因面团的软硬程度和操作者的用力大小而不同。抿须儿模样可爱，细腻滑溜，又有纯天然的豆香和面香，特别是红薯面做的抿须儿更是软硬适中、香甜可口，再浇上井陉酸菜肉丝卤，老少皆宜。

苦累

苦累又名坷累，是井陉民间的传统饮食之一，乃井陉历史上“糠菜半年粮”时期的产物。以前多用玉米面，现在多用白面。苦累的原料十分丰富，过去多用野菜，现在可用家常蔬菜，洗净切好装盆，依次倒入盐、花椒粉、面粉，水分两次加入，拌匀后放入蒸箱或蒸锅，蒸半小时左右出锅。蒜捣碎，把蒜泥、醋、香油、酱油混合拌匀后浇在蒸好的苦累上。

↑ 抿须儿和苦累

↑ 苦累

山药面饸饹

山药面饸饹是把山药面和白面混合均匀，用加入食用盐的水和面，揉成面团后醒半小时。面团醒好后，揪一小团塞到饸饹床子里，转动旋转杆，面团通过饸饹床下的圆孔被挤成圆条状，直接压到沸腾的锅里煮熟。然后过凉水，再把山药面饸饹盛入碗中，浇入汤汁，放上菜料，浇点辣椒油，一碗美味的山药面饸饹就做好了。山药面饸饹爽滑筋道，老少皆宜。过去灾荒年间，农民们最好的食物就是山药面饸饹了。

↑ 压饸饹

↑ 挠挠

挠挠

挠挠是于家当地一种特色食品，初春用榆钱或槐花做的挠挠最地道。把榆钱或槐花洗净滤水，等锅里的水开后，先放榆钱或槐花，再撒干玉米面，边撒边搅拌，熟后即可食用。

↑ 菜饼子

菜饼子

于家的菜饼子是用山间的各种野菜和玉米面和在一起，做成饼子，蒸、煮、烙皆可，也可在柴火烧热的铁锅内壁上贴着烤熟来吃，也叫锅贴饼。

↓ 菜饼子

咸饭

↑ 咸饭

俗话说，“南方米，北方面，太行山区吃咸饭”。咸饭，是指农闲的时候吃的饭。把当季的瓜、菜和小米、玉米等混在一起煮，还可放些杂面条。咸饭是当地人喜爱的一种既简便又颇具营养的饭食。这种粮菜混吃的传统吃法，在百姓家里做法多样，曾经养育了小山村的一代代儿女。咸饭已成了当地招待客人的美味，尤其符合现代人健康饮食的追求。

云头儿

云头儿是传统地方风味食品，是细粮精作的代表。首先要和两块面，一块白面，一块白面里加入红糖或甜面酱和成红色，两

↓ 咸饭

块面分别擀成薄饼，叠在一起卷起来，再切成椭圆形的面片，面片红白相间，带有层层花纹。在入锅炸之前，用筷子逐个将椭圆形面片夹出几个凹形来，炸制之后像云朵一样好看，故名云头儿。炸好后的云头儿要趁热吃，既酥脆又留有面香。

黄米年糕

黄米年糕的制作工艺是将黄米用水泡一个晚上，第二天早上上碾子磨成面，然后按照一定比例将黄米面和玉米面混

↑ 黄米年糕

↓ 黄米年糕

合，再用开水和成面团，把面团铺平，上面放准备好的红枣和煮熟的豆子，用刀切成块，上锅蒸。于家村黄米年糕做法不同于井陉其他地方的撒年糕，其色泽金黄，口味纯正，香糯可口。

↑ 寿桃月饼

打月饼

每逢八月十五的前一个月，于家村的月饼坊就开始做打月饼的准备了。打月饼最讲究的是食材、手法和火候，月饼有五仁的、豆沙的、脆皮的，种类多，纯手工制作，深受村民喜爱。

↓ 酥皮月饼

心灵手巧在农家

布老虎

布老虎头大、眼大、嘴大、尾巴大，透露出儿童一般可爱的憨态，天真、稚气中又不失勇猛，寓意健康、强壮、勇敢，是崇虎习俗在民俗中的表现形式，其中蕴含着深厚的文化内涵。于家村以制作双头虎枕为多见，双头虎枕象征阴阳相合，可以祛灾，保护娃娃的平安。而单头虎、直卧虎等则是作为全家保护神的镇宅图腾虎类型。

制作布老虎的材料及工艺各不相同，较常见的是把棉布、丝绸缝制成老虎的形状，内部装填锯末、谷糠、棉花或香草，表面用彩绘、刺绣、剪贴、挖补等手法描绘出虎的五官和花纹。制作布老虎不仅体现着农村劳动妇女特有的心灵手巧和聪明才智，而且是老一辈对新一代的期望与祝福，在一针针、一线线的缝制中，也将满腔

↓ 手工制作的布老虎

的爱意缝入其中。

泥塑

泥塑艺术，俗称“彩塑”“泥玩”，是使用本地黏土塑制成各种形象的一种民间手工艺，它以泥土为原料，以人物、动物造型为主，以手工捏制成形，或素或彩。

面塑

面塑是以面粉为主料，调成不同色彩，用手和简单工具塑造出各种栩栩如生的造型，俗称面花、礼馍等，工艺上需掌握“一印、二捏、三镶、四滚”等技法，是我国民间传统手工艺。于家村的面塑多用于庙会上摆供。

↑ 庙会上的面塑

↓ 庙会上的面塑

↑ 用玉米皮编的蒲团

↑ 荆编筐

↑ 荆编篮

蒲团

蒲团又称蒲墩，是用蒲草编织而成的坐垫，也可就地取材，用稻草或者玉米皮编制而成。蒲团根据需要可大可小，可圆可方，可厚可薄。

荆编

荆条是一种灌木，抗旱耐寒，具有很好的韧性，可编成篓、筐、篮子、荆条席、粮囤等。随着社会发展，荆编用具使用越来越少，这项传统手工技艺也在逐渐失传。

石雕

于家村独有的石头文化造就了其独特的石头雕刻艺术。于家村石头雕刻以浅浮雕和平面雕为主，通过凿、刻、削、磨等技法将各种石头构件雕刻出各类艺术品。

古代石雕　一般多用于庙宇石碑、经幢等装饰，以及石头香炉等器物和部分建筑构件。如观音阁上东西相对的两块石碑，石质精良，雕刻精美，大气庄严。其中一块是观音阁“创建碑”（清

↑ 观音阁“创建碑”顶部刻有“日月”二字

↑ 观音阁“重修碑”底座石雕“狮子戏绣球”

↑ 观音阁“创建碑”底座浮雕

↑ 观音阁“创建碑”

顺治七年），石碑顶部抹角呈梯形，里面满刻圆形祥云图案，中间刻有“日月”二字，平和吉祥；碑身正文四周是缠枝莲纹，莲纹从底部的莲花对称向两侧延展，通过底部两个角的大型叶片纹样转折上升，一花一叶，交错布局，直通顶部，线条流畅，造型优美。碑下须弥底座，正面中间是一盆盛开的莲花浮雕，形象生动，立体感强。另一块是观音阁“重修碑”（清康熙五十七年）。石碑顶部是“二龙戏珠”纹样，碑文四周是缠枝纹样，以如意祥云状叶片为主，做工精细，典雅大方。值得一提的是碑的底座，一幅“狮子戏绣球”跃然石上，正中间是一只带有花纹的绣球，绣球的四根飘带向两边舞动，两只卷毛的狮子相对而向，朝绣球奔来，四肢有力，身形矫健，生动活泼。

现代石雕 多用于百姓家户门楼建筑两侧立柱，当地称作迎风石。于家村石匠于风楼家的门楼及房屋均为他本人雕刻和垒砌。大门石雕两边是喜鹊登梅，里侧门墩是两只立鹤，故石雕上的文字是：“石阶仙鹤舞，红梅喜鹊鸣。”仙鹤代表长寿，红梅、喜鹊代表喜事，加之左右马头上的“福禄”二字，整体寓意为福禄寿喜。另外迎风石上的压石雕刻了荷花、蝴蝶，象征着家庭和睦、幸福美满，这些都是普通百姓的美好向往。

↑ 观音阁“重修碑”

砖雕

砖雕一般为建筑构件，用凿和木槌在水磨青砖上钻打雕琢出各种人物、花卉、风景、动物、书法等图案，配合石雕、木雕用在建筑的不同部位。

于家村砖雕以真武庙屋脊为最，登十五级石头台阶，进入真武庙，首先映入眼帘的就是一条“二龙戏珠”砖雕的正殿屋脊，这是于家村最美的天际线。该砖雕年代久远，真武庙是于家村最古老的建筑，它作为庙宇主

↓ 真武庙屋脊砖雕

砖雕

砖雕

砖雕

影壁墙的砖雕

颐安清大门砖雕

殿建筑的一部分，自然与庙同一年代。该砖雕图案精美，呈带状铺满整个屋脊，中间是一个螺旋纹的大珠由祥云簇拥，两边对称两条九曲盘旋的飞龙，双目圆瞪，大嘴张开，飞向中间的龙珠，通体辅之以缠枝花盘绕，庄严大气又不失灵动。该砖雕做工精细，采用大浮雕手法，立体感极强，龙鳞牙齿一应俱全，花瓣叶片穿插布局，细节处理繁而不赘，惟妙惟肖，活灵活现。更有趣的是，龙的嘴里现已长了瓦松，成为这里“海拔最高”的多肉植物。

↑ 木雕衣架的腿

木雕

于家村木雕多用于寺庙、祠堂、戏楼等公共建筑，特别是蜃气楼（观音阁戏楼）前后台隔扇中心的圆形木雕“福禄寿三星”，远看是一幅画，近看则是一幅字，图中有字，图案和文字巧妙结合，令人称奇。民居的门窗、隔扇、家具器物等也多用木制，四合楼院二楼的门窗以木制为主，方格、菱形、直条，各种样式穿插互用，颇为讲究。

于家村木雕工艺最具代表的还数一个传家宝的衣架。衣架由三部分组成，上边一层为搭较长衣服的横梁，这不是一般的横梁，两头为翘首的龙头，不仅仅是为了美观，还可以防止衣物滑落。横梁下边中间有一立柱将区域分割成两个区域，以便下层搭较短的衣物。衣架的中间部分为三个长方形镂空花格，最为精美，中间是一只衔着灵芝回首的梅花鹿，四周是梅花数枝，神态灵动，左右两侧配以海棠花格，点、线、面搭配和谐，寓意长命百岁、富贵满堂。衣架的两腿挺拔俊美，但腿的力量来自两只大“脚”的稳当，宽厚的两只脚像两个小桥支撑起整个衣架主体，加之每只脚上方两侧都有三角形的支架固定，使之更加牢固。其巧妙的是，两只支架以昂首的孔雀为造型，宽大的尾部正好作为三角的底部，而头部灵巧弯曲，相背而向，亭亭玉立，精美绝伦。

↑ 木雕衣架

↑ 木雕衣架局部

剪纸

于家村剪纸以实用窗花为主，过年或者结婚时都要贴满窗户，并配以大红对联，满屋喜庆，满院生辉。剪纸题材种类繁多，有花鸟鱼虫，有十二生肖，有传说故事，有胖娃娃等，特别是象征“福禄寿喜”“花开富贵”“多子多

↑ 春节窗花——生肖虎

↑ 结婚窗花——双喜临门

↑ 祝寿窗花——寿桃

↑ 腰包

福”“龙凤呈祥”寓意的蝙蝠、葫芦、寿桃、喜鹊、牡丹、石榴、龙凤、鹤鹿等传统纹样朴实大方、饱满流畅，深受人们喜爱。更有家中婚礼用的双喜字，最是变幻多端，方的、圆的、菱形的、带角花的……随手拈来，大红的喜字怎么看怎么舒服，于是，日子就在这一对一折一剪中喜上眉梢，笑出声来。

刺绣

于家村博物馆内珍藏着几件绣工精美的衣物，有披肩、罗裙、腰带、荷包、针线包、绣花金莲鞋等。

黑底牡丹绣花罗裙采用长针铺绣、压针跳色的手法，整体富丽华贵；腰带则是墩绣，用的是一种特殊的头上带孔的针，针不离手带着线针脚随着图案从反面走齐走完后，正面再把双环的线剪去，就形成绒面的效果，手感好，立体感强，而且结实耐用。

披肩是过去专为姑娘出嫁穿的，粉白丝绸，满绣花纹，边缘还有流苏相缀，粉底蓝花，色彩搭配高雅不俗。整个披肩前后片和肩部是由四组如意云头连接组成的，每组从上到下、由小到大又分成三层，每层边上镶丝绦和蓝黑两道包边，别说是有绣花，单是这些工艺就足以让人叹为观止。绣花的图案以牡丹为中心，配上梅花、荷花、菊花等，亦有海水龙纹、云山湖石、蝴蝶嘉木等，凡世间美好，多有体现，可见绣工之高超。与众不同的是，这件披肩上的主体是四组男女人物，眉目传情，仪态传神，身姿优美。“有情人终成眷属”这一美好愿望，自然是这件衣服的主题。

↑ 腰包

↑ 绣花裙

↓ 绣花披肩

历史悠久传奇多

于家村历史久，传奇多，故事也多。长篇如《趣人于方宽》《夜惊朗林梁》《康微山东娶亲》等，多者十数万言，少者也有数万言。如原山东快书《康微山东娶亲》共十大章节、一百多页。其唱词优美，道白精彩，情景交融，妙语如珠，真是笔底生花，洋洋万言，奇情异致，令人捧腹。它叙述了康微娶亲过程中的诸多趣闻轶事，又介绍了许多民风民俗；最后，还特别总结了康微娶亲在于家村娶亲史上留下的“上轿放铁炮、新郎戴礼帽、花轿绑绣球、小步轧街道”等多项新礼节。

夜惊朗林梁（节选）

今古奇观话沧桑，上下千年论短长。

人间世事多妙理，曲直是非乃苍黄。

话说，夜幕降临，万家灯火，炊烟袅袅。月亮挂上东山，天空缕缕薄云。昏黄的月光之下，山川沟壑一片灰暗，树木花草隐隐约约，飞禽走兽归穴入巢。就在这万籁俱寂之时，明桥梁上突然一声马嘶，划破长空。接着，喊杀声、刀枪声、马嘶声由远而近，回荡于这深山旷野之中，煞是瘆人。

这是哪路将士在此交战，这等激烈？仔细看去，只见一匹枣红战马长啸一声两腿竖起，背上一员虎将，身高体阔，膀大腰粗，浓眉大眼，方面阔口。此人英姿勃发，一身披挂，怀揣流星锤，腰挎宝刀，手持长枪，正与一名大汉交锋。这大汉虎背熊腰，肥头大耳，面如蟾蜍，目若铜铃。他骑一匹白马，舞一杆长枪，带一班人马在此对战。其一声令下，二三十名徒步小卒摇旗呐喊将虎将团团围住。这虎将单枪匹马眼看就要被擒。就在这千钧一发之际，只见他急中生智，抽出宝刀“咔嚓”一声将手中矛枪齐头砍断。大汉一看，以为他要折戟投降，不禁大喜，脱口说道：“小的们且慢！”然而他哪里知道其中的奥秘。就在这略一迟疑之瞬间，只见虎将飞快地将枪头别在腰间，扔掉枪柄，两腿一拍，枣红战马腾空而起，横冲直撞起来。这一下，将包围圈冲了一个七零八落，有的撞倒，有的踏翻，有的手忙脚乱，有的抱头鼠窜。大汉一看不好，他一面大声呵斥，一面策马疾追。然而诧异的是，这虎将并不逃跑，他冲出包围复又归来，并将宝刀换作流星锤，扑将过来，一路好打。大汉一伙，人众气盛，一拥而上，霎时之间，刀枪纵横，杀声震天。这块小小的山上宽地儿，俄而一片沸腾，灌木杂草倒地，树枝树叶飘落，烟尘滚滚，沙石飞溅，狼奔豕突，鬼哭神嚎。

战争这般激烈，对手这般悬殊，虎将一人大战群雄，尘战几十个回合不分胜负，如此豪杰，这是何许人也？原来此人姓于名春小，乃太行山麓河北井陉于家村人氏。一个深山小村如何出得这等人才，又为何在此酣战，欲知端的，且听慢慢讲来……

烂树尖

于喜春去世以后，把这神仙阁和风动匾留给了后人，同时，把他亲手栽植的那棵杨树也留给了后人。在这儿又特别提到那棵杨树，是因为它留下了一个有趣的传说。于喜春修阁十六年，那杨树也跟着向上长了十六年。清凉阁修到了二层高，那杨树也长到了二层高。于喜春不幸去世，那杨树也奇怪地烂了树尖，再也不往上长了。虽然每年春天照常新叶满树，但过不了多久，那新长出来的树尖就平白地蔫黄，耷拉下来，一点一点地干枯了。因此，人们传说那树有灵性，树尖耷拉是它垂着头怀念修阁人。这些传说，到底是神话，是巧合，还是人们的心声？不得而知。不过，要是那棵树如今尚在，还真的是一道景观，可惜，它早就不存在了，不过树的故事和风动匾的故事流传了下来。

三宝显灵

风动匾不仅因为它“大风不动小风动”而远近闻名，而且还留下了一串奇特的小故事。传说在悬挂这匾的时候，梅花鹿并不在匾上，而是站在下边等着，待匾挂好以后它才上去。当时梅花鹿站在这斜坡石板上撒了一泡尿，尿水顺着斜坡一直流了下去，留下了长长的一条白，同时它又在旁边三个地方尿了拳头那么大三片尿，留下了圆圆的三团白。最后，它跳到匾上，又在后蹄前边尿了火柴盒那么大一片尿，留下了方方的一块白。

梅花鹿留下了长、圆、方三种尿迹，名叫“三宝”，传说这三宝能预报祸福。在行雨季节看三宝，这三宝发亮有福，三宝不亮有灾：“长条发亮水不愁，圆团发亮大丰收，方块发亮财气好，三宝不亮赖年头。”

本来这是迷信说法，可也奇怪，这三宝现象在过去多数年份还是真的灵验。尤其是遇到荒年，三宝肯定是一片灰暗，不会发亮；相反，要是遇到好年景，这长条和圆团就都变成雪白发亮的了。至于匾上的那个方块亮与不亮，人们就不大在乎了。为什么呢？因为这方块历年来就不容易发亮，经常是灰暗的，所以老百姓说方块不亮是老天爷不给福气，咱们就是这命。

米泉

于家石头村西边有个麒麟沟，麒麟沟有一个很高的直戳戳的山头，这山头顶平坡陡，所以名叫平顶垴。平顶垴上有一条横贯东西的山梁，这山梁中间有一截光溜溜的石板地段，传说这石板地段中间北侧有一道“神泉”，神泉喷出来的不是泉水，而是小米，因此名叫“米泉”。米泉的泉眼只有绿豆那么大一个小孔，这小孔每天早中晚三次往外喷金黄金黄的小米，虽然每次喷的时间很短，然而这是一方福气，当地老百姓常年不缺米吃。

有一天黑夜，突然来了一个南方人，偷偷地到平顶垴来破坏“米泉”，但是他一看，要想凿断这“米泉”就得把石头山梁挖一道一丈多宽、三四丈深的豁口，这可不是一个小工程。尽管如此，他还是马上动起手来，一鼓作气挖了半夜，挖出了一个坑。第二天晚上他继续来挖，可是一看吃了一惊，昨天晚上挖的那个坑不见了，原来这山会生长，把坑长平了。没办法，他只好重挖，挖了半夜，又挖出一个坑，第三天晚上来看，那坑又长平了。尽管这样，他仍不死心还要挖。这一次他不是挖了半夜，而是整整挖了一个通宵，挖出了一个大坑，天发亮他才离开。到了晚上，他揣着忐忑不安的心情去看，担心又长平了。不想喜出望外，那个大坑只长了一半，没有长平。这一下他找到了诀窍，那就是只有整夜整夜地挖才有希望。从此，他就天天晚上干通宵。就这样，不知道干了多少个夜晚，终于在这一天黑夜，鸡叫三遍之后，这米泉“咔嚓”一下子被截断了。

县官求子

在清代，井陉县有一个姓李的县官，他已经有了五个闺女，可就是没有儿子。李知县为了求子没少费心机。早在他的夫人生了第二个女孩以后，这李知县便开始了漫长的求子之路，他走遍了四面八方，拜完了名寺古刹，然而想不到的是，不但没有求来儿子反而又添了三个闺女。这一下，李知县可真是失望了，整天茶不思饭不想，光想儿子但想不来。正在这时候，忽然听到了一个好消息，说于家清凉阁的送子娘娘非常灵验，有求必应。不过，一年只有一天，就是正月十六清凉阁庙会这一天来求子许愿灵验，过了这一天就不灵了。李知县听到这消息真是喜出望外，当年正月十六就带着夫人一同来清凉阁求子许愿，李知县当时向送子娘娘发誓说："我有了儿子以后，保证带上大戏和'出处'，捧上五花大供和'九丈九'来向娘娘还愿；另外，还要保证以后每年正月十六都要带上'出处'来向娘娘上香谢恩。"（"出处"是当地方言，指群众小节目，相当于现在的小品；"九丈九"是一种二响纸炮）李知县许愿完毕，庙内执事将送子娘娘怀内抱着小男孩的"小鸡鸡"取下来，一边递给李知县一边说："这是糖瓜做的，经娘娘点化已成仙丹，让夫人服下必生贵子。"果然如此，不到一年，李知县夫人就得了大喜。李知县说话算数，这年正月十六，他带着一个山西梆子戏班和十来个城关小"出处"，带着红布幛子香火、供品……带着所有随同人员浩浩荡荡一百多人来到于家清凉阁还愿。这么大的架势，于家村周围、城关一带的人们都知道了，都来看热闹，十分红火。从此以后，年年清凉阁庙会李知县都准时来上香谢恩，同时赶庙的人也越来越多。这么一来，正月十五元宵节就远不如十六热闹了，因而于家村和周围邻村以及城关一带不约而同地就把元宵节改到正月十六过了，还流传出一句“念子语”：“十五月亮十六圆，十五元宵十六过。”

失手和火冒三丈

有一位上了岁数的人经常讲说这个他亲身经历过的故事。当时拿刀人（饰演关公）被拿枪人（饰演匪寇，共四人）刺伤后，有一位老人过来仔细看了看那伤口说：“一点表皮伤，没事。”说着，他用火镰打着火烧了点艾绒灰，一边往伤口上揞一边说：“虽然这点伤不算个啥，可是只差一点，要是到了眼上，那可就成了了不起的大事了。”这时领班人接过来说：“大爷说得对，这是很后怕的事，拿枪人比拿刀人功夫更深，必须万无一失才行。”正说着，旁边有人插了一句话，说：“这是关公显灵，可别忘了到老爷庙烧香。”这句半开玩笑的话，一下子引起了一阵风波。其中一个拿枪人的爹出来火冒三丈训斥儿子为啥不给关老爷烧香；又一个拿枪人的爹出来火冒三丈训斥儿子为啥不到老爷庙请安；这时拿刀人的爹也火冒三丈训斥儿子说：“受伤是自己对关老爷心不诚，这是对你的惩罚。”这伙人，拿枪的、拿刀的，受伤的、失手的，不管是谁一律挨训，一时间收不住口了。这时候，看社火的人们都出来相劝，一致夸奖这班人都是好演员，都证明他们去老爷庙上过香，这才了事。

经常给人们讲说这个故事的那位老人，口才很好，一样的事经他一讲就有了趣味。就说这事吧，里边说了一串儿“爹”和一串儿“火冒三丈”。因此，人们就传出一个笑话，说：看来当爹的都是“火冒三丈”。四个拿枪的四个爹，拿刀的一个爹，总共五个爹，每个爹火冒三丈，这五个爹火冒三五十五丈，比清凉阁可高多了，这还不把关老爷给吓跑啊！

阎王殿五多之说

清凉阁阎王殿虽然庙室不大，却具有其他庙室所没有的“五多”，这就是石柱多、塑像多、王多、门多、笔画多。第一，石柱多。阎王殿的上层有两根石柱，下层有两根，北墙内两根，再加上中间这两根，共八根石柱。这阎王殿只有八九平方米，这么点一个庙室，这么多柱子，是够稀罕的。第二，塑像多。这台上十一尊，台下五尊，共十六尊塑像，这是清凉阁所有庙室之中塑像最多的一个庙室。第三，王多。台上所有的塑像都带“王”字，即地藏王、秦广王、楚江王、宋帝王、仵官王、阎罗王、变成王、泰山王、平等王、都市王、五道转轮王，共十一个王。第四，门多。大官门、小官门、百姓门、狗洞门、冥门，这五个阴间门再加上东西两个阳光门，总共七个门。第五，笔画多。这是说阎王的阎字笔画很多，这并不是指繁体的“閻”字，而是在当地流传的一个非常复杂的阎字。这个阎字还有一个歌诀，念完歌诀这字就写成了，共57笔。歌诀是这样的：“一点一横长，二下口四方。两边乱绞丝，马字在中央。左也长，右也长，心在底，月在旁。张飞过去踹一脚，吕布过来攮一枪。令箭扛在肩膀上，吓得小鬼上了房。”这边墙上挂的就是这个“阎”字。

这“五多”就说完了。其实，另外还有一个“多”没有被列入正题，这是为什么呢？是因为这个“多”既看不见又摸不到，所以未被列为第六多。乍一听这真是奇怪，其实一说就不奇怪了：这个“多”就是“说道多”。这到底表现在哪儿呢？刚才讲的那“五多”里边透出来的就是“说道多”。这个“说道多”是怎么形成的呢？曾经有一位风水先生说，这阎王殿“说道多”是因为阎王殿的门多。门多，阎王爷就事多；事多，就形成了“说道多”。可不是么，这阎王爷又管死人，又管转生，又管升官大小，又管坏人钻狗洞，又管坏人去受刑，好像把送子娘娘和玉皇大帝的事也管上了。这么多说道，难怪阎王爷又忙又乱。风水先生说：要改变这现象很简单，就是把那三个转生门全关掉，只建一个“转生好人门”即可。这样，天下只有好人没有坏人，处处春意盎然，一片太平盛世。这样，阎王殿的“说道多”一下子就变成“清闲多”了。这个建议实在是高，可不知道阎王爷他老人家采纳不采纳。

十字诗，来回吟读怪文章

于家村的康姓家族，传说有一部山东快书名叫《康微山东娶亲》，这部快书里边说，康微的丈人游览清凉阁时，发现玉皇顶墙角处写有一首名为《清凉颂》的奇特的诗歌，这诗歌之所以奇特，是因为有这么三点。第一，名字奇特。这诗的名字叫作“十字诗”，又叫“拨浪鼓”，还叫“跟头诗”。第二，排列奇特。这诗不是竖向成行，也不是横向成行，而是横竖交叉排列成为一个十字形。第三，读法奇特，这诗读起来不是自上而下竖读，也不是自左至右横读，而是上下、下右、右左、左上，来回吟读，却又让人不觉得重复。这么奇巧的诗体是很稀罕的。民国时期，在苍岩山景区也曾有过这样的诗，名叫《咏苍山》。这儿挂着的就是《咏苍山》和《清凉颂》，按照下面排列好的顺序来念就是十字诗的读法。

咏苍山

堂
到
西
动马人　山　水流长
见
日
光

堂到西山见日光，

光日见山水流长。

长流水山人马动，

动马人山西到堂。

清凉颂

清
凉
阁
伟刹赞　前　观奇景
人
丁
盛

清凉阁前人丁盛，

盛丁人前观奇景。

景奇观前赞刹伟，

伟刹赞前阁凉清。

阁南侧，镇阁大虫伏古洞

从玉皇顶南边朝东南方向看：二三百米处，山沟东岸，那层层叠叠的带状梯田沿着陡戳的山坡递次而上，直达悬崖之下。就在那悬崖最高点下面靠右边不远的灌木丛中，那个短墙后面有一个山洞，名叫“老虎洞”。传说，洞内住着一只神虎，专门镇守这神仙阁，让神仙阁千秋万代永不损坏。在古代，老虎名叫“大虫”，这大虫、神虎、神仙阁三个词儿，听起来就挺有故事性。

曾在这里挖出了不少骨化石和石刀等。经专家鉴定，那山洞是一处新石器时代的古人类遗址。另外，那老虎洞不仅是老虎栖居、古人类遗址，而且传说还有三位近古人物：武仙、于有道、于喜春在里面住过。这三位不同时期的人物，不仅在老虎洞内居住，而且还在洞顶一块“天然石头小广场”上住过，所以，留下了一串扑朔迷离的故事。

洞顶上，青龙头抵仙人床

现在说说老虎洞洞顶上（也就是悬崖顶上）的故事。这座山名叫“卧虎山”，又叫“青龙山”或“青龙岭”。“卧虎山”这名字是根据老虎洞起的，“青龙山”和“青龙岭”是根据真武碑起的。真武碑上讲风水四象：“东青龙，西白虎……”这座山是东山，因此叫“青龙山”或“青龙岭”。这“青龙岭”北头那个小山包是青龙的龙头，后面那一道山梁，蜿蜒向南是青龙的龙身。

那青龙头顶上有一块巨大的光溜溜的天然青石板。这青石板正是这段故事的来头。这段故事的标题“青龙头抵仙人床”，这“仙人床”指的就是那块青石板，也就是前边说的那“天然石头小广场”。一块青石板为啥俩名字，既叫“小广场”又叫“仙人床”呢？叫“小广场”是因为它的面积比较大；至于叫“仙人床”这个名字，有三种说法，这三种说法的由来即是前面说过的曾在老虎洞内住过的那三位不同时期的先人。第一种说法是从外地来的为人们除邪祛病的武仙。一到夏天，他就到青石板上打坐、睡觉，因而人们称那青石板为“仙人床”；第二种说法是修建清凉阁的于喜春。他在山上打石头，累了就躺在青石板上休息。因为他是“神人”，神人就是神仙人，所以，他睡过觉的青石板称为“仙人床”。第三种说法是于家村的创始人于有道。每到夏天他就上山躺在那青石板上居高临下看果木，防止野兽糟蹋，因而人们叫那青石板为“仙人床”。这说法有人提出了疑问，说：于有道又不是神仙，为什么他睡过觉的青石板叫“仙人床”呢？其实这问题并不难解：于氏宗祠内供奉于有道的墙坎名叫“神龛”；神龛内供奉的于有道的牌子名叫“神位”；神位牌最下端的两个字是“神主”。去世的先人称为“神主”是普遍现象。这“神龛”“神位”“神主”都是尊称于有道为“神人”，“神人”就是“神仙”。由此看来，于有道睡过的青石板被称为“仙人床”并不牵强。

以上这三种说法哪个为真，无法考证，不过多数人认为是于有道。因为还有一个传说，于有道为了看果木，不仅在青石板上睡觉，而且还在旁边搭建了一个防风避雨的草棚子。从这么具体的传说来看，那“仙人床”的名字来自于有道比较靠谱。

附录

附录一：碑石集萃[1]

于家村在漫长的历史进程中，留下了各种古碑碣，这是先人留下的不可多得的文化遗产，十分珍贵。然而不幸的是，这些碑碣在“文革”期间大部被毁，只有三十多通幸存下来。现精选几通碑文。

根深叶茂碑

闻之报本追远人子有同情至设族谱立家庙又为子孙者当尽之职务而不容或缺但或限于力或限于财或限于人与地而未能成厥功者遍览吾邑殆十之八九焉于家村设立家庙阖户同情择适中地点因而购买之于庚申二月动工四月落成嘱余作记因询其颠末其父老为余言曰相传始祖有道公旧居南峪村家赤贫难于存活谋他徙今日之于家村实当日居人鲜到之深山也吾始祖于前明嘉靖年偕眷胥宇于此无立锥地乃决意开辟斯土日夜与木石居与鹿豕游殆所谓筚路蓝缕以启山林者乎厥后生子五人协力者众乃将左右之岗陵树木或则修之平之以作耕种之土或则攘之剔之以培建筑之材而又树桃果于山隈掘坎井于沟畔经数十年之经营而土地遂连阡累陌屋宇亦鸟革飞使我辈得以有今日者皆始祖创造力也按家谱记之始祖至吾辈共二十二世子孙有之在于家村者约三百家人共二千余口迁他乡居者又百余家人又千余口今修家庙居他乡者均量力出资而助成焉其概略如此嗟乎祖宗之创业垂统罔不欲子孙绳绳缉缉以蕃衍于无穷然而人心如此而不可必者天也有道

[1] 本部分资料均为一手资料，为保留资料原貌，不作改动。

公之子孙众多而又各安生计家多殷实非盛德其孰能至此今也不限于力不限于财不限于人与地而家庙落成祖宗之灵爽得所式口而子孙报本追远之心亦因以得遂至有道公之盛德庶亦永垂不朽云

前清廪膳生陈锡九撰文 于桂芬书丹

中华民国拾年岁次辛酉黄钟月中旬谷旦

清凉阁碑记

万历九年起根源一人修筑其实难二十五年完下节思量何日得周全阖村都说使木植凭吾独力凿石山经营暂停观此境等待功成万古传

修阁人 于喜春　侄男 于朝兴

1919年建校碑

盖闻惟木有本本固而枝自荣惟水有源源深而流乃远学校为兴贤育才之地国家犹有额设修学校银两官士人民谁不当切水源木本之思乎吾村之学校遵县长堂谕设立因村实无公款阖村绅耆筹集经费计无所出遂割村南禁坡以储延师课读用然经费终未裕仅薄有钱数十余吊而学校之膏火薪水犹未敢议决也复忆五股先祖遗产青山洼地内有柏树一株宣统三年于三傻售洋圆三佰元除修补青山庙宇重塑圣像花费一佰玖拾元下剩壹佰壹拾元作为济民助校之需经理人若每年量入为出经理得宜定有盈余将见数年之后经费积之久而愈充人才因之而蔚起安知其不宏开文运如文翁之兴蜀常衮之兴闽者耶经理人等姓名尤不可没爰勒石永传不朽云

经理人 于守亮 于遵礼 于富来 于入江 于秀庭 于吉明 于多文 于凤魁 于瑞廷 于四雷 于凤海 于桂馨

国学生于桂馨撰文

民国八年阴历二月十五日立

1964年建校表彰碑

学校是培养儿童之要地教育为国家富强之命脉所以国家教兴则强教衰则弱此固定不易之理也中华人民共和国成立以来普及教育以致人才杰出此堪成历史典范随着社会发展学生日益增多旧有学校无处容纳故占民房每载零星修缮出租赁款消耗民力众议纷纷时有启发人与众协议决定新建学校以满所需择定地基与村西静阔之地公推于富田任设计领工于六二年十月动工至六四年五月工程告终期抽农闲兴十三个月共享工玖仟肆佰个共享木材等一应在内共计人民币捌仟伍佰伍拾元工程虽竣但集体资金不足幸有年迈代表发起公众自愿献工施款以补欠缺减轻集体负担自将施主芳名勒石刻铭于左以志不朽云

启发人 于任辰 守祯 二科 学仁 苟小

铁 笔 于二堂 撰 文 于喜科 抽 笔 于桂苍

施主代表人 于入海 桂祯 三小

公元一九六四年岁次甲辰五月五日立

禁山林碑

林乃村之瑞茂以兆人兴故吾始祖留得南山与青山洼为禁林区约五百亩然后人时有毁林之为族人于朋于王巳于准于文庆康祥等人立约禁牛羊绝砍伐如有违约者毁一罚十纵火者如违约不认罚者绅耆乡甲逐出村外

此照

大清康熙三年孟春立

于氏二十世孙于正科口叙

真武庙碑

盖谓井邑之南白庙村距城十五里于氏祖居也前无真武庙圣今于善众诚心于村中视一峰耸之处建立一祠东有青龙西有白虎南有朱雀北靠玄武中建殿像之宫五岳来朝栋宇坚鲜金壁照耀圣号治世福神镇北天大将军游巡诸天诸地掌握世界乾坤乃静乐五太子弃舍江山径赴武当非恋皇宫惧恐生死苦练身形功行数载铁铳成针

五帝视之有神通广大于大德五年敕封治世福神释放无量佛道乃金阙化身统辖千真万圣获佑国王大臣拔济一切诸苦方保当境黎民纠首于廷臣等涓取嘉靖四十五年三月二十五日修造庙宇塑绘金像功果完成以无纪念是信人于志的等十人立石为因以识岁月按曲礼曰前朱雀而后玄武乃北方七宿之像也宋有天下尊崇圣祖贤名玄郎改玄为真后世以称为真武也由是巍其庙而人其像名山圣境以屋称祠遍于天下矣自庙貌立而人敬畏之心隆自像形著而瞻仰之意肃乎不惟名都大都虽窄乡下邑亦莫不庙而像之敬而畏之也不惟来人君子虽庸人鄙夫亦皆知庙而像之敬而畏之也精光浮动无在而无乎不在神气感昭无有而无乎有夫玄武在天之星也而能使天之人立庙塑像以承祭祀而然不敢慢焉如此所谓有其诚心则有其神非耶然时代有沿革陵谷有变迁自是而后果有人时穰以举其颓勤能汛洒以涤其旧勿毁勿伐以继众善人之志亦能如天瑞等之好善神当必有默佑之也因而立记敬告矣哉

本村助缘子弟同立记人

于志的 于喜春 于邦春 康朝恩 于的济 于邦官 于廷必 于邦海 于必登 康朝用 康喜云 于官

监工领袖 于进水 于椎 于厚 于廷付

禅师 惠在

平定州守御千户所军余石匠

孙朝臣男孙万才造

阳城乡营庄都 阴阳 愚术士 吕大臣挫笔撰

大明隆庆元年岁次丁卯春季月初三日

整敕村规碑

从来里中之害莫有甚于赌博者或类聚明赌或勾引良民窝留暗赌耗资荡产种种匪事皆为之败风坏俗莫此为甚于是集合村人商量禁之见曰此善举也阖村首事者数十人约定绅耆乡甲比户巡查有开设赌场群聚玩钱者一经查出罚每人写戏一台歌舞三日捉获逃脱罪坐本族无近枝近叶罪坐邻右外来赌匪罪坐容留逃脱不即罚犯坐不任罚是有心搅乱与横行非理细行不矜混乱村中者阖村绅耆乡甲概禀送官按地亩粮银出钱费用甚或被禀受责挟嫌匿怨图赖复仇仍旧禀公按地亩粮银出钱费用此欲人无恶故定此遏恶之规也一乡之知此美者先公同写戏一台歌舞于铭言刻石之余而庸耳俗目亦将为之一快快夫树之风声也以故竖碑于今非特欲今人之晚益并欲致后人之洗涤云

异日摊钱作费听阖村五甲各首事绅耆同乡甲派办抗拒不出同犯坐例

邑痒增生于素修撰书

大清同治三年岁次甲子仲月吉日立

柳池禁约碑

立柳树坑禁约人于强于悴窃思日久坑深则挖池不力门多人众则取水不公今约后昆每年挖池按门出工除独夫孤子寡妇病家外有夫误者一工罚钱五十每家吃水许一瓮取冰许两担有多积者一瓮水罚钱五十一担冰罚钱二十如有抗违禁约不出罚者便非正子孙至于外人偷水者便是后昆奸生子与人送水者便是后昆妾生儿有见之徇私者罚如之一切罚钱池中公用此照

乾隆三十九年四月 奉祖遗约后昆仝立

修道碑

此山路也行走于此者往往有窘步之虞焉爰求顺适募而修之工峻故刻石以志之大匠工三仟陆佰文木匠工伍仟肆佰肆拾文碑项叁佰文

大清光绪元年岁次乙亥大吕月

于腾甲书于增江刻

青山洞建庙碑

诸神位青山洞地名位其东南山干凭高之不有龛神祠前殿三间六尊后殿二尊僧右二间僧

明嘉靖十八年八月十七日立

垂戒后昆碑

（于天祥墓志铭）

盖闻求木之长者必固其根本欲流之远者必浚其泉源冀子孙之绵远者必积其德义德义者子孙之根源也予目睹吾家三世以来财粟取与

未尝或苟修补庙宇施舍资财有怯懦而不振柔弱而不拔凡事忍让所在多有忆祖之为人如是父天祥之为人尔如是表与弟衮之为人尔复如是祖母李氏勤俭治家三从惟谨生母李氏严厉训子四德亏所以三世系属虽非至聪而至敏亦非至玩而至愚虽无至富而至贵亦无至贫而至贱此皆三世之德义也丹书曰凡事以仁得之以仁守之其量旨世以不仁得之以仁守之其量十世以不仁得之以不仁守之不及其世金人铭曰无多言多言多败无多事多事多患佛书曰要知前世因今生受者是要知复世因今生作者是又曰种兰得香种粟得粮作善降祥作恶降殃此数言者宜世之佩而服之敬而遵之也果能奉行此德义之言庶如木之根深其枝必茂水之源远其流必长也故至之于石以示后昆云

孝男 生员 于表撰文书丹

于衮李霍氏孙于守信康氏

大清乾隆七年岁次壬辰十月朔日立

建校表彰碑，刻于 1964 年，现保存于石头村博物馆

清凉阁施买树碑（清末）

重修观音阁碑，刻于清康熙五十七年（1718），现保存于观音阁

观音阁石碑，刻于清顺治七年（1650），现保存于观音

青山洞建庙碑，刻于明嘉靖十八年（1539）

整敕村规碑，刻于清同治三年（1864），现保存在石头村博物馆

附录二：于家文艺作品

于谦诗词选

石灰吟

（版本1）

千锤万击出深山，烈火焚烧若等闲。

粉骨碎身全不怕，要留清白在人间。

石灰吟

（版本2）

千锤万凿出深山，烈火焚烧若等闲。

粉骨碎身浑不怕，要留清白在人间。

除夜太原寒甚

寄语天涯客，轻寒底用愁。

春风来不远，只在屋东头。

荒村

村落甚荒凉，年年苦旱蝗。

老翁佣纳债，稚子卖输粮。

壁破风生屋，梁颓月堕床。

那知牧民者，不肯报灾伤。

平阳道中

杨柳阴浓水鸟啼，豆花初放麦苗齐。
牙逢尽道今年好，四月平阳米价低。

观书

书卷多情似故人，晨昏忧乐每相亲。
眼前直下三千字，胸次全无一点尘。
活水源流随处满，东风花柳逐时新。
金鞍玉勒寻芳客，未信我庐别有春。

暮春遇雨

暖风吹雨浥轻尘，满地飞花断送春。
莫上高楼凝望眼，天涯芳草正愁人。

入京

绢帕蘑菇与线香，本资民用反为殃。
清风两袖朝天去，免得闾阎话短长。

咏煤炭

凿开混沌得乌金，蓄藏阳和意最深。
爝火燃回春浩浩，洪炉照破夜沉沉。
鼎彝元赖生成力，铁石犹存死后心。
但愿苍生俱饱暖，不辞辛苦出山林。

岳忠武王祠

匹马南来渡浙河，汴城宫阙远嵯峨。
中兴诸将谁降敌，负国奸臣主议和。
黄叶古祠寒雨积，清山荒冢白云多。
如何一别朱仙镇，不见将军奏凯歌。

北风吹

北风吹，吹我庭前柏树枝。
树坚不怕风吹动，节操棱棱还自持。
冰霜历尽心不移，况复阳和景渐宜。
闲花野草尚葳蕤，风吹柏枝将何为？
北风吹，能几时！

望雨

赤日行空暑气浮，炎风簸土几时休？
云霓久渴斯民望，廊庙当分圣主忧。
旱魃剿除消暑气，神龙鼓舞起灵湫。
挽将天上银河水，散作甘霖润九州。

入塞

将军归来气如虎，十万貔貅争鼓舞。
凯歌驰入玉门关，邑屋参差认乡土。
弟兄亲戚远相迎，拥道拦街不得行。
喜极成悲还堕泪，共言此会是更生。

将军令严不得住，羽书催人京城去。
朝廷受赏欲还家，父子夫妻保相聚。
人生从军可奈何，岁岁防边辛苦多。
不须更奏胡笳曲，请君听我入塞歌。

于大荣作品

七言杂志

（光绪三十一年二月）

天地生人历古今 不谋饮食饥渴乘
宰相官员皆为嘴 况乃村乡世俗人
小米本是千家用 稻米苡米不常行
娇黄黍米糟黄酒 又做黏糕养雇工
蒸团稷米先推面 想包粽子糯米蒸
春草宿麦分三样 荞麦又尖有三棱
芝麻做油香味好 高粱烧酒更宜人
种豆得豆寻常话 各样豆子且称名
黑豆煮料喂牲口 豆芽出自青豆生
碾黄豆钱寔豆片 又磨豆腐卤点成
豌豆扁豆共豇豆 眉豆菜豆猫眼睛
绿豆解毒原是宝 小豆红白两种分
杂豆面条杆杖擀 案板以上用刀分
又拌疙瘩又烙饼 水磨杂和在井陉
每种杂粮皆吃用 也与蔬菜一般同
红白萝卜常切片 就是蔓菁也有根

茄子黄瓜是阴物 发眼之时不可用
豆角丝瓜共菪莛 芹菜芫荽韭菜葱
芥菜莴苣酸汤泡 夏日炎天利口中
南瓜瓠子山药藕 姜蒜辣椒辣不同
油盐酱醋调和好 也与干菜一样行
海带龙须合竹笋 鱼翅燕窝共海参
鱼肚虾米合海蜇 是荤是素岂不明
芥梗葫芦丝两样 蘑菇木耳与金针
粉条叫做羞人菜 地瓜干子炙焙成
想调糊汤加粉面 欲喝清汤另有名
古月茴香芥花面 花椒也捣也囫囵
杂粮菜数知有限 识字不多理来通
客到家庭须让座 装烟点火勿消停
提茶酌酒宜恭敬 应对进退要从容
两姨姑舅是亲戚 伯叔兄弟自家人
姐姊娣妹姑和嫂 大娘婶母唤宜听
欲学书文先务本 煤炭炉中把火生
未从扫地先洒水 笤帚轻轻怕起尘
笔墨砚台写字用 一时懒惰总不行
每夜五更亲早起 可不睡到一竿红
糁粥蒸馍晌午用 日落黄昏又掌灯
待到揣摩成就后 农事家务亦知情
万民劳苦耕和种 锄耪收割待秋成
铁锹镢子镰刀斧 犁镂耙盖索子绳

挑上梢罐肩担水 又用镟铲瓮缸盆
盘碗碟盏皆洗净 羹匙蒜臼酒壶盅
擦床笊篱勺子箸 瓦罐甑子冒合瓶
瓷盎磕破疙疤钉 坛子盛酒要囫囵
大囤小仓防鼠咬 装粮口袋旧和新
自从五谷登场后 收拾忙迫到场中
压用碌碡拉柯打 杈把扫帚紧相跟
木锨扬糠扇车打 簸箕掇得地流平
粮食屋里圪堆满 想制衣裳未有铜
粜粮买布将衣制 板量尺寸察斗斤
棉花纺线缝袍褂 衫禅袷袄棉裤裙
鞋靴袜子成双对 绒毡被褥枕席新
吃喝衣裳都不短 走亲看友步徒行
赶集上店买骡马 騍骟骡的仔细心
华眉叫驴有几个 买随市价与行情
鞍韂屉子鞦和镫 笼辔缰绳挂串铃
手牵莫用鞭子打 巩肚上紧转回程
上板过桥须下马 不容歇着就骑奔
铺子饭馆都经过 一直到了自家门
拴在圈里槽头上 铡刀铡草碎纷纷
喂养调匀筛草净 拌麸撒料抖精神
鸡狗猪羊皆六畜 鹅鸭透蛋本家禽
牡牛犟花生下犊 犍子长大竟鲜红
时当暑伏天气热 手拿翎扇乘凉亭

颜色红黄桃李杏 甘如甜糖蜜与饧
雾气阴云多下雨 不凭雨伞候天晴
篮篓筐子都预备 梨黄果柿枣儿红
榛黄栗黑核桃白 去皮好吃异香椿
松柏榆槐都结子 梧桐杨柳尽根生
秋树开花桑结实 修房有木看材成
全凭尺墨截梁凛 柱坎门窗用准绳
插架安排椽栋毕 石灰砖瓦待泥工
瓦刀泥镘随能手 大厦高楼一水新
几椅板凳床边着 柜箱桌子靠墙根
风匣双舌安眼内 传流巧制有奇功
一旁有嘴能吹火 认真火色用钳擒
打下锯条推刨刃 烧钢又焖斧凿锛
钥匙锁子锥子钻 锤錾火箸铁铲钉
剪子铰物斜合顺 腰刀宝剑鸟枪并
眼前铁器多使用 木泥石匠各通工
业半工商人号染 青红蓝绿紫黄呈
大小买卖分商价 投着财主做财东
有心想办南京货 绸缎绫纱下本银
织用南麻罗布绢 校分京靛与蒙青
银朱硝白硫磺信 鳔鲛桐油漆自红
胰镰去糙净手脸 平戥称见两合斤
鼓板镟子锣饶钗 弦子琵琶共月琴
笙管卧笛皆竹制 或吹或打乐人能

壹场器物世间用 那样那品那件轻
于今编成七言句 一笑嫣然快我心

于素修作品

四言杂志

天地三光，上下四方。东西南北，黑白青黄。
风云雷雨，雾露雪霜。家堂宗祖，父母爷娘。
伯叔兄弟，女婿姑郎。婚姻嫁娶，葬埋死丧。
沟渠界畔，房屋院墙。置庄典地，种稻插秧。
殷勤锄刨，怠惰芜荒。做酒和曲，榨醋拌糠。
推磨捣碓，担水运浆。卖货买物，籴麦粜粮。
谨守理法，莫放癫狂。亲戚和睦，身体安康。
迎待宾客，洒扫庭堂。洗刷器皿，摆列板床。
花瓶果盒，茶壶酒觞。烧煎熬煮，油酱椒姜。
馄饨馎饦，馓子麻糖。酥油蜜枣，馒头粉汤。
锅罗厨屋，锁钥关防。栏圈猪羊，拴系骡马。
骆驼蝌豸，麒麟凤凰。青狮白象，麋鹿豺狼。
斑鸠鹧鸪，孔雀鸳鸯。蜘蛛蛇蝎，蚰蜒螳螂。
庄稼犁耙，军器刀枪。桌椅板凳，围屏帐房。
网巾纱帽，裙袄衣裳。竹篦荆篓，木柜笼箱。
篦梳镜带，鞋袜架装。枕头席箪，被褥软床。
袜鞋护膝，绒绸丝筐。砍镬镰斧，盆瓮坛缸。
珍珠玛瑙，珊瑚玎珰。儒释道教，士农工商。
庵观寺院，窑冶仓场。腰背腿胯，心肺肚肠。

瘫癣疥癞，痔瘘癣疮。痞胀疼痛，疾病损伤。
调治药饵，验看医方。茯苓半夏，龙脑麝香。
当归甘草，紫苏麻黄。苁蓉白芷，厚朴槟榔。
天仙桔梗，远志蛇床。人参官桂，苍术良姜。
桑葚核桃，甘蔗砂糖。琵琶筝笛，歌舞吹弹。
笙箫锣鼓，钗钏环镯。胭脂绣线，襟袖领裥。
蓑衣竹笠，弓箭旗杆。槽铡镫韂，鞦辔鞭鞍。
灯台蜡烛，执扇冰盘。苧麻万布，铺面门阑。
伞盖帽顶，袈裟衣冠。松柏悝桧，降真沉檀。
椿槐杨柳，秫黍荞豌。高山峻岭，河涧沙滩。
跟寻踪迹，逃躲避难。炙热生熟，焦烂湿干。
长短曲直，广狭窄宽。方圆破碎，囫囵团圆。
聪明智慧，卤钝愚顽。疝气痢疾，黑黡疤瘢。
甘甜香粹，涩苦咸酸。雕剜刻画，劈破锥钻。
借债抬杠，顾觅运搬。父严师训，姑舅姨贤。
亲戚朋友，彼此扶持。子孝母慈，外甥女侄。
乾坎艮震，巽离坤兑。造物蹭蹬，不差毫厘。
齐苗苜蓿，王瓜棠梨。蔓菁莙荙，荔枝陈皮。
葫芦茄子，杏柿梅李。葱蒜萝卜，菠菜韭畦。
鹁鸽鹦鹉，鹅鸭雉鸡。猿狐猫鼠，虎豹熊罴。
鳝鲫鲸鲤，鳖彪蟒犀。鸽鹏蝼蚁，螃蟹蛤蜊。
蹄骨牙爪，斗角翎皮。馋慵懒惰，双陆象棋。
粗疏蹋茸，赌博猜枚。榾柮棍棒，抢夺劫随。
凶徒恶党，强窃盗贼。毡袜裤褪，布绢絺纰。

剪针案板，笤帚簸箕。匙箸碗碟，勺子笊篱。
锯铯镑铲，铃锉钳锤。刷牙刀鞘，斧柯镰柯。
铙钹铛铫，柽框梭机。天平等子，盂罐瓿盏。
苇荻帘箔，绳索木梯。楼台殿阁，顶石根基。
檩梁椽柱，瓦兽琉璃。卸柴装炭，除灰扫煤。
迎神社赛，傀儡般词。石崖岭岸，道路崎岖。
涂抹附卷，倒文缴枇。地理计算，远近莫亏。
喝唱呼唤，追逐赶催。火焰紧慢，公事速迟。
攀缝补衲，稳坐徙移。耳眼鬓发，鼻口须眉。
懵懂憨蠢，痞症聋痴。秃瞎跏跛，呕噎嘘吹。
蛊毒魇魅，丸散药医。真色洗白，缎子纱织。
手帕汉巾，裹肚包头。车轴辕辋，船舵缆舟。
瓷罐水桶，秤锤肉钩。碾盘臼杵，簸箩盏瓶。
玲珑剔透，爽利温柔。菜汤咸淡，米粥稀稠。
投河跳井，牵马杀牛。跟捕贼盗，捉拿罪囚。
鞭剥笞杖，绞斩徒流。拍门旷党，握窟拐偷。
推抢拖扯，搜捡拈揍。茅菴草舍，土炕木瓢。
贫穷患难，寂寞萧条。差粮户役，威逼在逃。
纺织经络，背负担挑。库务仓厂，巡栏斗级。
夏税秋粮，官绢布匹。课钞桑丝，马草芦席。
实收通关，廒口簿籍。官地民田，夏秋莫错。
平地八升，坡地六合。草有斤两，分厘须酌。
粮有斗升，合勺抄撮。坐铺之家，斛斗秤尺。
绸绢丝绵，绫罗缎匹。铜铁金银，锡饰油密。

盐矾豆豉、颜料纸笔。行商坐贾，早起迟眠。

披星走路，带月行船。夜防贼盗，日费盘缠。

踏泥冒雨，拿伞携毡。读书勤谨，学博才高。

名标金榜，志步青霄。鹏飞万里，鹤鸣九皋。

匡衡凿壁，相如题桥。大学之道，礼义玄渊。

小学之方，器物当先。四言杂字，且应眼前。

鸿儒见笑，童辈喜传。开渠添水，凿石通泉。

英豪俊士，美秀生员。孔明七纵，仉氏三迁。

齐家正己，报国身捐。乾坤永远，社稷固坚。

皇图悠久，万载余年。

于步逵作品

祖德实录

于有道第十四世孙于翔光之墓，因地基所限而迁新址。其玄孙于步逵特赋诗刊于碑后，以表盛念。

高祖当年姓名扬，光前裕后福无疆。

聪明特达英姿挺，学问精深诣力强。

得步芹宫聘冀足，题名雁塔觐龙光。

文风德业从兹启，燕翼贻谋世泽长。

嗣从箕裘曾弗替，庠生廪贡集庭堂。

玄孙有十文兼武，一二耕田亦不荒。

可恨坟野为地限，子孙迁宅适他方。

故新一脉还相继，亿万斯年卜吉祥。

真武庙香亭诗

大清光绪十五年

宝鼎烟霏瑞蔼庭，莲花瓣瓣附香亭。

乘除有数更新制，隅正相排仿旧形。

八面磨成璃映碧，一拳削就石仍青。

乡民顶礼从兹肃，升降阶前仰圣灵。

后世作品

吴世民

东石阁，西石塞，南石洞，北石寨，四方皆有石光辉；

春草绿，夏麦黄，秋叶红，冬雪白，太行山下风光美。

明之将，族之魂，人之杰，谦之孙，数代耕琢浩然气；

智天灵，慧地巧，彪众辉，悍家煌，清凉阁前群英豪。

满江红·谒井陉县于家石头村

浩瀚太行，云深处，石头村歇。

怎料得，于家在此，悲风凛冽。

二十四代弥漫火，五百多载名磨劫。

隔尘世虽远寸心丹，忧国切。

从死去，耻谁雪；卫京城，神难灭。

万千百姓泪，金瓯无缺。

何药能医庸主病，赤胆甘化忠臣血。

剩井陉儿女苦讴思，碑衔阙。

毕元明

于家

（一）

清凉高阁耸巍峨，礼赞于家唱石歌。
立柱横梁中外少，擎天漫地古今多。
宗诗吟出襟怀抱，祖德延来谱系波。
每忆先贤情自湃，燃情岁月毋蹉跎。

（二）

清凉高阁耸村头，礼赞于家玉砌楼。
立柱横梁真本色，飞檐斗拱自风流。
宗歌一曲石灰咏，祖训三章世道谋。
揽胜归途思绪闹，谆勤德业写春秋。

张玉芳

于家石头村赋

明忠良俊臣于谦，遭陷遇害。其家嗣三子，有道、东道、南道，潜迁离京。明成化间，有道迁此，立于家村。此村三奇，一曰人奇，二曰石奇，三曰柏奇。三奇以传，忠心可鉴。因以为赋，赋曰:

驾长车而入山间，路遥拽迷左拐端。花艳风清，左盘右旋。雾蒙蒙进八卦阵，山渺渺竖村碑现。十里仍行，掩映山峦。金瓯盆地，世外桃源。奇有余哉，村口不见。非为寻奇，以避祸延。爱国忠君于谦，硬骨品洁遭斩。于家三子，改姓逃歼。有道未改姓兮，忠心逃于此山。民风民俗，筑石地天。入目环山以立，石头罗列其间。石屋石房，石磨石碾。乱石铺街，石楼石院。全为石头建成，布局设置规范。东西为街，南北巷传。不通谓同，石艺璀璨。全村六街七巷十八胡同，总长三千七百米壮观。看巨匠绘就青石美境，睹英雄贤开忠心烈胆。凡石入艺术家之手，锦花开天工师美苑。大小不等，巨细相间。高低俯仰，纵横曲宛。房与街齐，街倚房建。虚实藏露迴还，隐约呼应顾盼。石墙瓦顶，四合之院。螭吻六兽门楼，欲翔筒瓦飞檐。明清石券洞室，九间无梁大殿。文以载道，武保国安。十二秀才出此，文明传世继贤。瞻于家博物馆，读皇封牌授官。书例授登仕郎，疑留戊午文元。

步出街巷，白云蓝天。正清风细雨，染苍翠西山。美哉于家，壮哉家山。

仰望清凉阁前，翎翘斗拱重檐。所建万历九年，于家喜春独揽。阁为三层石建，巍峨雄姿昭然。不打根基，辅料无填。赖天然石底为基础，就巨大块石拔地间。为干打垒石成，居天地间凛然。北向京华形似前门，东门悬有风动石匾。西侧高挂扇形金书，南面嵌有雕龙玉娟。风动石匾，梅花鹿欢。微风一吹，匾动石颤。大风石稳，稳如泰山。瞻拱券之中央，留其侄之诗篇。叙建阁之艰难，愿其志万古传。

于氏宗祠，以道渊源。五百年前，于谦遇奸。其子隐居，井陉潜迁。南峪三子，奔命离散。有东南道，只有此衍。与木石居，鹿豕游间。经此创业，廿四代繁。祠堂门首，高悬金匾。僾见忾闻，镌木楹联。尊有道始祖配贾氏神主，悬五股五子列姓名谱传。

此院神柏，三奇名颂。曰旋龙茶，功更奇玄。树枝叶身，物同灵语。旋柏如绳，拧紧不散。龙柏原名，五枝龙传。茶柏犹奇，叶香绝然。其叶煮茶，清香绵延。延年益寿，明目清眩。奇柏五枝，五股脉连。河南浚县，井陉两安。曰于家村，曰南峪间。山西大同，神柏魂牵。

望京华兮于谦，舍性命兮忠肝。留清白兮世上，扬正气兮人间。于家浩气正道，奇石伟业敬然！

常强强

于家石头村

天路一条飞似虹，石头村里步从容。
街前岩里春光美，台下檐边雕物明。
墙角磨圆说礼让，阁楼高处话清风。
碑中文字淳朴色，最美今朝遗古情。

“井陉天路”行

乘风逐梦沟沟坎，柳暗花明座座山。
直上峰巅揽绝景，坐于云彩问霄天。
长虹作路百十里，珍宝当珠一串间。
人世哪得好韵致，太行深处有桃源。

后 记

2014年6月接到中国民间文艺家协会通知，要求各地文联立即开展中国传统村落立档调查工作，我们及时向井陉县委、县政府主要领导汇报，时任县委书记田耀筠非常重视，给予关心和鼓励支持，文联迅速发动县民间文艺家协会、摄影家协会、离退休老干部老教师及亲友成立了井陉县传统村落立档调查志愿者工作队，又迅速发动乡镇村在各村成立了调查小组，先后分别调查了76个村落，于家村作为首批中国传统村落，是重点立档调查的村落之一。

7月开始，大家进村入户，实地调查走访，一线拍摄收集资料，烈日酷暑，热情无限，大家都是一个目的——抢救，抢救性地把我们生活过的古老村庄记录下来，那些老树老街，那些老井老屋，那些老人，那些转瞬即逝的众多的散落的物质文化遗产、非物质文化遗产，一砖一瓦，一草一木，都是被调查的对象。大家起早贪黑、顶风冒雨、披荆斩棘，一路走来，从未间断，也不计报酬。是兴趣，更是责任，留下记忆，记住乡愁，便是行动的意义所在。一年过去了，大家完成了规定动作，又大大超出了规定动作。

2015年12月，接河北省民间文艺家协会通知，要求编纂《中国民间文化遗产抢救工程——中国历史文化名城·名镇·名村丛书》，我们立即整理书稿上报。

本书文字是在2014年立档调查的基础上形成的，同时参考了于贵文老先生编著的《于谦与于家村》《于家史话》。文中图片主要来自县里的摄影师们，他们一直关注这个村落，常在不同的季节抓拍村落的发展、变化及自然景观。同时特别感谢于翠田大姐，她为本书资料考证及现场复查做了大量工作。井陉县政协原主席王新民特别为传统村落刻章留印，更为此项工作增彩添色。可见，做成一件有意义的事情，定是凝聚很多人的心血，在此衷心感谢！

河北省民间文艺家协会名誉主席郑一民、主席杨荣国等省民协领导专家曾经到井陉调研，并进行专业指导，同时对本书的出版给予厚望和鼓励支持，在此敬礼并致谢！

因本书编写时间紧迫，原有材料不足，加以重新调整、走访没有充裕时间，有些内容可能出现遗漏、不全不准的现象，实为难免。

我们的宗旨是，力求真实、客观、全面地反映和展现于家村的历史风貌和现状。但由于村中知情老者的相继离去，大量有价值的信息缺失而无法再搜集到，难免遗憾。对此，调查的工作我们会一直做下去，再提高，再充实。书中不妥之处，谨请批评指正。

编者

2022年7月

↓ 太行天路

图书在版编目（CIP）数据

中国历史文化名村. 河北于家 / 中国民间文艺家协会组织编写；潘鲁生，邱运华总主编. —北京：知识产权出版社，2022. 10

（中国历史文化名城·名镇·名村丛书）

ISBN 978-7-5130-8302-7

Ⅰ. ①中… Ⅱ. ①中…②潘…③邱… Ⅲ. ①乡镇—概况—井陉县 Ⅳ. ①K928.5

中国版本图书馆 CIP 数据核字（2022）第 150672 号

责任编辑： 宋　云　王颖超　　**责任校对：** 谷　洋

装帧设计： 研美文化　　**责任印制：** 刘译文

中国历史文化名城·名镇·名村丛书

中国历史文化名村·河北于家

中国民间文艺家协会　组织编写

总 主 编　潘鲁生　邱运华

本卷主编　何克宁　马　佶

出版发行： 知识产权出版社有限责任公司　　**网　　址：** http：//www.ipph.cn

社　　址： 北京市海淀区气象路 50 号院　　**邮　　编：** 100081

责编电话： 010−82000860 转 8388　　**责编邮箱：** songyun@cnipr.com

发行电话： 010−82000860 转 8101/8102　　**发行传真：** 010−82000893/82005070/82000270

印　　刷： 天津市银博印刷集团有限公司　　**经　　销：** 新华书店、各大网上书店及相关专业书店

开　　本： 720mm × 1000mm　1/16　　**印　　张：** 13.25

版　　次： 2022 年 10 月第 1 版　　**印　　次：** 2022 年 10 月第 1 次印刷

字　　数： 154 千字　　**定　　价：** 80.00 元

ISBN 978-7-5130-8302-7